中国外资需求偏好
与供给机制的制度安排研究

胡立法 / 著

国家社科基金项目结项成果
扬州大学出版基金资助

科 学 出 版 社
北 京

内 容 简 介

中国是当今世界吸引外商直接投资（FDI）最多的发展中国家，有着巨大的外资需求偏好。从东道国外资需求角度看，以"两缺口理论"为代表的传统利用外资理论已不能全面阐述中国外资需求偏好的动因。当然，稳定的政治环境、快速发展的经济、完善的基础设施等是中国吸引外资的重要因素；但中国还有"吸引"外资的另一面，那就是转型时期社会主义市场经济体制存在的某些缺陷或不足。政府经济管理体制、金融体制、国有企业制度和民营企业制度，是中国特色社会主义市场经济体制的重要内容，其中存在的某些缺陷是造成中国外资需求偏好的重要原因。为此，需要通过制度变迁和制度互补等路径，完善中国特色社会主义市场经济体制，以提高利用外资的质量。

本书可作为高等院校、科研院所从事经济学、管理学、法学、政治学等学科教学研究的教师以及相关专业学生的教学用书，也可以供政府决策部门作为决策咨询的参考用书。

图书在版编目（CIP）数据

中国外资需求偏好与供给机制的制度安排研究 /胡立法著；—北京：科学出版社，2017.3

　　ISBN 978-7-03-052124-8

　　Ⅰ. ①中… Ⅱ. ①胡… Ⅲ. ①外资利用-经济体制-研究-中国 Ⅳ. ①F832.6

中国版本图书馆 CIP 数据核字（2017）第 052406 号

责任编辑：刘英红 / 责任校对：赵桂芬
责任印制：张　伟 / 封面设计：华路天然工作室

科 学 出 版 社 出版
北京东黄城根北街 16 号
邮政编码：100717
http://www.sciencep.com

北京京华虎彩印刷有限公司 印刷
科学出版社发行　各地新华书店经销

＊

2017 年 3 月第 一 版　　开本：720×1000　B5
2017 年 10 月第二次印刷　印张：11 1/4
字数：202 000
定价：58.00 元
（如有印装质量问题，我社负责调换）

目　　录

第二次世界大战以后,通过吸收外商直接投资(foreign direct investment,FDI)拉动经济增长是实行开放经济体制国家的重要经济政策。基于此,国际经济学界从 20 世纪五六十年代开始关注 FDI 和东道国经济增长之间的关系,发展至今,形成了以垄断优势论、产品生命周期理论、内部化理论、国际生产折中论、"两缺口"论等为代表的 FDI 理论。从研究角度看,它们"诠释和解答了为什么对外直接投资、如何对外直接投资和在什么地方直接投资三个基本问题"(卢勇,2010)。其中,"为什么对外直接投资"是基于投资母国角度的研究,"在什么地方直接投资"既涉及基于投资母国角度研究,也涉及基于吸引投资的东道国角度研究。也就是说,上述利用外资理论中,既存在从供给角度(投资母国)的研究,也存在从需求角度(吸引投资的东道国)的研究,甚至存在同时从供给和需求角度的研究。从东道国需求角度的研究利用外资的众多文献中,"两缺口"理论常常被用来解释发展中国家经济发展初期的外资需求偏好的原因。

改革开放至今,特别是 20 世纪 90 年代以来,在全球直接投资不断增长的浪潮中,中国以其稳定的政治环境、完善的基础设施、巨大的国内市场、丰富的劳动力资源以及飞速发展的经济等有利条件,吸引了全球众多投资者的眼光,所吸收的 FDI 呈稳步增长态势。联合国贸发会议(UNCTAD)网站的统计资料显示,1980~2015 年的 36 年中,中国实际累计利用 FDI17 409 亿美元,是当今世界吸引 FDI 最多的发展中国家,也是仅次于美国的第二大外资输入国。

钱纳里和斯特劳(Chenery and Strout,1966)的"两缺口理论"认为,发展中国家经济发展初期普遍存在"储蓄缺口"和"外汇缺口",使其需要通过引进外资弥补国内储蓄水平与预期经济增长所需要的资金差距，从而实现经济发展。可是，当下的中国却并不存在"两缺口理论"中的"储蓄缺口"和"外汇缺口"。一方面，从全球范围来看，2000 年以后中国的国民储蓄率一直位列全球第一（汪伟，2009），其中，2005 年为 51%（当年全球平均储蓄率仅为 19.7%），2009 年升至 53.6%，2012 年这一数字更是高达 52%，这在世界上是绝无仅有的。世界银行 2013 年统计显示，中国总储蓄在 GDP（国内生产总值）中的比例在 2013 年就达到相当高的水平，位居全球第三，仅次于科威特和百慕大群岛地区。总之，当前中国国内储蓄资源充裕，并不存在资金短缺现象。另一方面，中国国家外汇管理局网站显示，2006 年年底，中国外汇储备已突破 10 000 亿美元大关，达到 10 663.44 亿美元，当年就超过日本成为世界第一大外汇储备国，其世界榜首位置一直延续至今日。截至 2015 年年末，中国外汇储备则高达 33 303.62 亿美元①。显然，当前中国国内外汇资金也不存在短缺现象。于是，我们的问题是，在国内储蓄资源极其丰富和有着巨额外汇储备的情况下，中国自 20 世纪 90 年代以来引进的外资为何依然呈不断增长态势，或者说，自那以来中国为何一直存在强烈的外资需求偏好。

基于需求角度，我们并不否认引进外资对于调整产业结构、提升技术水平、促进就业、增加出口等方面的积极作用，也不否认稳定的政治环境、飞速发展的经济、巨大的国内市场、完善的基础设施等是吸引外资的重要原因，但除此之外，中国有无存在吸引外资的另一面呢？

微观层次上，在相同的宏观条件下，一个国家吸引的 FDI 相对于国内投资而言的多少，部分取决于国内企业对外国企业的竞争力。从理论上讲，对于所发生的 FDI 来说，外国投资企业不必是世界上技术最先进的、组织复杂的跨国公司，只要它们比东道国的本土企业更有效率即可。基于这个理由，本土企业的竞争力，对 FDI 的发生所造成的影响，与外国投资企业的竞争力是一样大的（黄亚生，2005）。进一步讲，在给定水平的市场规模或劳动力成本上，一个设计较完善的企业制度将使本土企业更具竞争力。如果有效率的国内企业能够很容易地得到国内资本，那么，大量 FDI 尤其是劳动密集型 FDI 就可能是不必要的，小型的外国企业可能会发现加入到合约生产中会更有利可图，如外包。但是，因为企业制度的设计不同，它使国内企业不能得到国内外市场增长的好处，而这可能给外国企业带来更大的投资机会。

---

① 数据来源于国家外汇管理局网站，http://www.safe.gov.cn/，2016-12-20。

宏观层次上，在相同的微观条件下，（地方）政府和企业吸引外资的多少还部分取决于一国政府经济管理体制以及金融体制等市场经济体制。梅耶斯的新优序融资理论表明，内源性融资是国内融资主体的第一选项。但国内储蓄是潜在的生产资源，它的价值支配权在时间、规模与结构上的配置，客观上需要金融市场上各种金融机构、金融工具的出现以及相得益彰的政府经济管理体制。一个充满竞争并富有效率的金融体制，能促使国内储蓄有效转化为投资，提高国内资源配置效率；而一个完善的政府经济管理体制，则能淡化乃至消除政府及其部分官员的"政绩观"，减少政府过度干预经济。前者将有利于缓解企业融资难局面，后者则会减少地方政府盲目引资行为。所有这些，将促使政府和企业减少资金数量扩张型外资需求偏好，提高外资质量。反之，如果政府经济管理体制、金融体制存在不足，则有可能诱发政府和企业的引资行为。

制度缺陷是转型国家的基本特征，中国同样存在这样的情形。中国转型时期的企业制度、金融体制、政府经济管理体制等市场经济体制质量相对于外资流入来说是有影响的。正是转型时期社会主义市场经济体制存在的某些缺陷，吸引了一部分外资。

我们并不否认曾经的"两缺口"对中国外资需求偏好的重要影响，不否认中国国内区位因素优势对外资的吸引力，也不否认外资在提高技术水平、升级产业结构、增加就业、促进出口等方面对中国经济增长的积极作用，但它们不是我们本书关注的焦点，我们关注的是基于转型时期市场经济体制某些不足而形成的中国外资需求偏好的制度供给机制。进一步说，1978年改革开放以来，中国虽已建立了社会主义市场经济体制，但同蓬勃发展的社会主义市场经济实践以及国际市场通行的游戏规则相比，转型中的社会主义市场经济体制仍然存在许多不足，它们是导致中国产生外资需求偏好的另一面。

因此，鉴于完善社会主义市场经济体制进而提高利用外资质量的需要，从转型时期市场经济体制存在某些不足的角度，系统探讨中国外资需求偏好的制度供给机制和制度安排，不仅有助于推进利用外资理论研究，更有助于为完善社会主义市场经济体制、提高中国利用外资质量的实践提供指导。

一、相关研究

传统利用外资理论大多是从供给方面——国际直接投资母国角度研究

国际直接投资的动因，而从东道国需求方面研究该国外资需求偏好的文献则相对较少。

从国际投资母国角度探讨东道国国际直接投资的利用外资理论主要有斯蒂芬·海默（Stephen Hymer）的垄断优势论[1]、雷蒙德·弗农（Raymond Vernon）的产品生命周期理论[2]、巴克莱（Buckley）和卡森（Casson）以及拉格曼（Rugman）的内部化理论[3]等。这些理论共同之处在于，强调母国具有的所有权优势、技术管理优势、区位优势和市场化优势，以及东道国巨大的市场、良好的基础设施、快速发展的经济等有利因素，它们单独或共同诱发了国际直接投资的母国到东道国进行直接投资的行为。

相对于上述理论，从东道国角度解释东道国利用外资行为的国际直接投资理论相对较少，尽管如此，它们始终也是利用外资理论的重要组成部分。这一方面的理论研究可以归结为以下四个方面：

1. 东道国因"储蓄缺口"和"外汇缺口"而产生的外资需求偏好

"储蓄缺口"和"外汇缺口"统称为"两缺口"，其代表性理论便是"两缺口理论"。该理论在假定不将国外资源看成国内储蓄替代物的条件下认为，要保持储蓄缺口和外汇缺口的平衡，应采取引进国外资源的办法。这样，既能解决国内资源不足的难题，促进经济增长，又能减轻因加紧动员国内资源以满足投资需求和动员国内资源以冲销进口而出现的双重压力。

2. 东道国区位因素对外资的吸引力

东道国区位因素对跨国公司对外直接投资的影响成为 20 世纪后期跨国公司理论发展的一个重要的方向。这些理论以东道国劳动力成本、基础设施状况、市场规模、产业结构与分布、金融制度等经济因素以及政治、文化等因素来解释东道国对 FDI 的吸收能力。区位因素理论最为典型和普遍，其主要代表人物有邓宁、克拉维斯、凯夫斯、安哥多、奥克荷姆、鲁明泓、贝尔德伯斯等。

---

[1] 1960 年美国学者斯蒂芬·海默在其博士论文《国内企业的国际化经营：对外直接投资的研究》中提出垄断优势论，此后，麻省理工学院金德尔伯格在 20 世纪 70 年代对此进行了补充和发展。因此该理论又称"海默-金德尔伯格传统"。

[2] 1966 年美国哈佛大学教授雷蒙德·弗农在其《产品周期中的国际投资与国际贸易》一文中首次提出此理论。

[3] 英国学者巴克莱、卡森与加拿大学者拉格曼 1976 年在《跨国公司的未来》（*The Future of Multinational Enterprise*）一书提出此理论。

3. 东道国基于发展经济需要而产生的外资需求偏好

以格罗斯曼和赫尔普曼（Grossman and Helpman，1991）为代表的新增长理论认为，大量 FDI 的流入对发展中国家经济增长的影响并不仅仅局限于资本积累弥补"储蓄缺口"的作用，通过学习和吸收发达国家的先进技术，发展中东道国经济存在利用后发优势，形成赶超效应的可能。因此，新增长理论以技术因素为核心内生变量，其表达方式有知识溢出、研发费用、干中学、人力资本、技术转移扩散、创新与模仿等内生技术进步，将 FDI 与经济增长有机地联系在一起，从而强调通过经济对外开放、国际资本流动和开展国际贸易的外溢效应来加速世界先进科学技术、知识和人力资本在世界范围内的传递。

4. 东道国市场经济体制存在的某些不足是导致东道国产生外资需求偏好的重要原因

20 世纪 90 年代以来，国内外少量文献开始从发展中的东道国市场经济体制存在某些缺陷角度探讨其外资需求偏好成因。这一研究具有重要的积极意义。一方面，从利用外资角度揭示了发展中国家市场经济体制转型中存在的一些问题，对完善发展中国家市场经济体制有借鉴意义。一些发展中国家产生外资需求偏好，部分原因是其市场经济体制存在某些缺陷或不足，它反映了由经济体制缺陷而造成的发展中国家经济发展过程中资源利用的低效率，因此，发展中国家需要深化改革，完善市场经济体制。另一方面，从需求角度丰富了利用外资理论研究，弥补了传统利用外资理论的不足。如前所述，传统利用外资文献大多是从供给方面——国际直接投资的母国角度，研究外商直接投资母国对外直接投资的缘由；从需求角度研究东道国外资需求偏好原因的文献相对较少，而从东道国市场经济制度某些缺陷或不足角度研究东道国外资需求偏好的文献则更少。因而，上述研究文献极大地丰富了利用外资理论研究。

尽管从东道国市场经济体制不足角度研究其外资需求偏好的文献取得了不同程度的进展，也得出了一些有意义的研究结论，但依然存在诸多不足，至少可以概括为如下几个方面：

1. 有关民营企业制度不足与中国外资需求偏好之间的关系研究有失偏颇

首先，中国家族式的民营企业有外资需求偏好，不只是所谓的"政治性主从次序"（黄亚生，2005）。融资规模有限、产权不清、治理结构不完善等民营企业制度中存在的不足也是民营企业产生外资需求偏好的重要原因。其次，已有文献大多缺乏中国民营企业制度不足与其外资需求偏好之间关系的实证研究，更多的是理论探讨。

2. 关于国有企业制度不足与外资需求之间关系研究缺乏全面性

既有文献只是强调"因产权不清而引起的国有企业低效率"（黄亚生，2005），于是，在国有企业改制过程中，"所有权歧视"使得国有企业在融资时或者在资产重组过程中曾经有效地排除了国内非公有制经济的参与，转而引进外资。其实，资产专用性以及剩余损失等也是国有企业制度中存在的不足，它们与国有企业的外资需求偏好之间也存在紧密的因果联系。

3. 没能较全面和客观地研究发展中国家市场经济体制不足与外资需求偏好之间关系

市场经济体制是一个整体，它内含国有与民营企业制度、政府经济管理体制、金融体制等方面。既有文献大多缺乏较全面的整体研究，更多的是研究市场经济体制某一方面的制度不足与外资需求偏好之间的关系，如金融体制不足与外资需求偏好之间的关系。即便存在黄亚生（2005）那样比较系统的研究，其研究中也不乏一些意识形态偏见，没能较客观反映中国市场经济体制不足与外资需求偏好之间的关系，而且在他的研究中也没有系统剖析金融体制不足与外资需求偏好之间的关系。

4. 普遍缺乏实证分析

现有文献绝大多数都是理论分析，缺乏在理论基础上的实证分析。系统、完善的理论阐述，需要经验或实证分析的佐证，这也是经济学研究的通常范式。

5. 缺乏具体的制度改革路径研究

从东道国市场经济体制不足角度揭示外资需求偏好的目的是要通过制度变迁和制度互补等制度改革路径，确立富有效率的制度安排，推进发展中国家市场经济体制的完善，从而提高发展中国家利用外资的质量。就中国而言，减少由社会主义市场经济体制不足引起的资金数量扩张型外资需求偏好，提高中国利用外资的质量，也需要借助于制度变迁和互补等制度改革路径。现有文献只是阐述了制度不足或缺陷与中国外资需求偏好之间的关系，并在此基础上提出了制度改革建议，并没有从制度互补和制度变迁角度深入阐述如何完善市场经济体制，建立富有效率的制度安排，以达到减弱因制度不足引起的资金数量扩张型外资需求偏好、提高中国利用外资的质量的目的。

二、研究视角

本书以中国市场经济体制中的政府经济管理体制、国有企业制度、民营企业制度以及金融体制为切入点，系统阐述政府经济管理体制、国有企业制度、民营企业制度以及金融体制存在的某些不足与外资需求偏好之间的关系，并对此进行实证分析，最终通过变迁和互补等制度改革路径，建立富有效率的制度安排，完善中国社会主义市场经济体制环境，减少由制度不足引起的资金数量扩张型外资需求偏好，提高中国利用外资的质量。

我们的研究建立在两个命题基础上：①市场经济体制某些不足导致了中国一部分外资需求偏好，它们构成了中国外资需求偏好的制度供给机制；②减少由市场经济制度不足引起的资金数量扩张型外资需求偏好、提高利用外资质量的最重要前提是改善中国市场经济体制的制度环境。完善的市场经济体制是提高中国利用外资质量的前提。除去因利用先进技术、提升产业结构和管理水平等而利用的外资，当前，中国巨大的外资需求偏好部分原因是其市场经济体制某些不足。对这一不足的研究，可以帮助完善中国社会主义市场经济体制环境，减少资金数量扩张型外资需求偏好，全面提高利用外资的质量。

鉴于完善社会主义市场经济体制进而提高利用外资质量的需要，从转型时期市场经济体制存在某些不足的角度，系统探讨中国外资需求偏好的制度供给机制和制度安排，不仅有助于推进利用外资理论研究，更有助于为完善社会主义市场经济体制、提高中国利用外资的质量的实践提供指导。

三、核心概念

外商直接投资（FDI）、制度、体制以及社会主义市场经济体制，不仅是本书的核心概念，而且制度与体制之间，制度、体制与社会主义市场经济体制之间既相互区别又相互联系。因此，为了准确把握社会主义市场经济体制存在的不足与中国 FDI 需求偏好之间的关系，应当准确定义和明确上述核心概念。此所谓"给任何概念下定义都是为了便于分析"（侯经川，2006）。

（一）社会主义市场经济体制

社会主义市场经济体制是指社会主义基本制度与市场经济相结合的一种资源配置方式。社会主义市场经济体制的核心是发挥市场在资源配置中的基础性作用和更好地发挥政府作用。1993 年 11 月中共十四届三中全会通过的《中共中央关于建立社会主义市场经济体制若干问题的决定》中，从建立现代企业制度、培育和发展市场体系、转变政府职能、建立合理的个人收入分配制度和社会保障制度、深化农村经济体制改革、进一步扩大对外开放、改革科技和教育体制等方面构建了社会主义市场经济体制基本的框架。这一框架的基本内容可以概括为：坚持以公有制为主体、多种经济成分共同发展；进一步转换国有企业经营机制，建立适应市场经济要求，产权清晰、权责明确、政企分开、管理科学的现代企业制度；建立全国统一开放的市场体系，实现城乡市场紧密结合，国内市场与国际市场相互衔接，促进资源的优化配置；转变政府管理经济的职能，建立以间接手段为主的完善的宏观调控体系，保证国民经济的健康运行；建立以按劳分配为主体，效率优先、兼顾公平的收入分配制度，鼓励一部分地区一部分人先富起来，走共同富裕的道路；建立多层次的社会保障制度，为城乡居民提供同我国国情相适应的社会保障，促进经济发展和社会稳定。自 1993 年提出建立社会主义市场经济体制的基本框架的 20 多年以来，围绕建立社会主义市场经济体制目标和基本框架，中国共产党人率领中国人民不断推进和深化经济体制改革以及其他各项改革，使中国成功实现了从高度集中的计划经济体制到充满生机、活力的社会主义市场经济体制的转变，极大地促进了社会生产力的发展，提高了中国的综合国力。当然，虽然我国社会主义市场经济体制已经初步建立，但"市场体系还不健全，市场发育还不充分，特别是政府和市场关系还没理顺，市场在资源配置中的作用有效发挥受到诸多制约，实现党的十八大提出的加快完善社会主义市场经济体制的战略任务还需要付出艰苦努力"（习近平，2014）。我们认为，当前我国社会主义市场经济体制不健全、不完善主要表现为政府和市场的关系、中央和地方的关系仍未理顺，金融体制、财税体制、国有企业制度改革尚未完成，要素市场还不健全、不发达，它们是中共十八大以后加快推进改革开放的重点之所在。

社会主义市场经济体制内涵丰富，但鉴于本书的研究目的，我们选择社会主义市场经济体制中的政府经济管理体制、国有企业制度、民营企业制度以及金融体制作为中国外资需求偏好的重要制度供给机制来研究。之所以如此选择，是因为：第一，市场经济体制中，政府在资源配置中起着辅助性作用。2013 年 11 月 12 日中共十八届三中全会通过的《中共中央关于全面深化改革若干重大问题的决定》中指出："经济体制改革是全面深化改革的重点，核心问题是处理好政府和市场的关系，使市场在资源配置中起决定性作用和更好发挥政府作用。"市场经济体制是以市场机制为配置社会资源有效手段的经济体制，所以需要发挥市场的决定性作用，但鉴于市场失灵的存在，政府需要承担弥补市场失灵、宏观调控和公共服务的职能，因此，市场经济体制并不排斥政府监管、宏观调控功能以及公共服务功能，完全放任自由的市场经济在现实中并不存在，所以要更好地发挥政府的作用。更重要的是，中国社会转型时期，政府和市场的关系还没理顺，政府越位、缺位和失位现象还时有发生。综上所述，以市场与政府关系为核心的政府经济管理体制是转型时期社会主义市场经济体制中的重要内容。第二，政府和企业是市场经济主体，也是引资主体。中国外资需求偏好，既包括政府的引资需求，也包括企业的外资需求偏好。所以，与这些主体相关联的政府经济管理体制以及国有企业制度、民营企业制度等制度机制也是中国外资需求偏好的重要制度供给机制。第三，金融是一国经济的核心。金融在一个经济体系中承担着转化和配置资金资源的基础性功能。在一国经济发展中，金融的资本积累效应和资本配置效率对区域经济影响最大，因此，金融是一国经济的核心，金融发展水平高低能从一个侧面反映一国经济发展程度，所以，金融常常被比喻成一国经济的"血液"。此外，从金融的资本配置效率看，一个开放且富有效率的金融体系也有利于将国内储蓄有效转化为投资，这将对政府和企业的融资规模和渠道产生影响，进而不可避免地影响政府和企业外资需求偏好强弱。因此，金融体制也是中国外资需求偏好的重要制度供给机制。

（二）外资

外资是一个比较模糊的经济学概念。顾名思义，外资是指相对于东道国而言的外来资本，狭义上主要包括外商直接投资（FDI）、外债以及政府或企业在境外发行股票或债券筹集的资金；广义上还包括外国政府和国际组织的资金援助等。本书中的外资主要是指FDI。

根据国际货币基金组织（International Monetary Fund，IMF）的定义，外商直接投资是指一个经济体中的常住实体（直接投资者）以在投资国母国之外建立企业形式的永久利益为目标的国际投资活动。永久利益意味着在直接投资者与企业之间存在着一种长期关系，而且直接投资者对于直接投资的企业管理有很大的影响。显然，按照IMF的定义，FDI是投资国以在投资对象国建立企业为目的的。因为美国国内的很多FDI就是对证券市场上上市公司的股份收购，所以，美国商务部对其国内的FDI定义是：外国投资者的股份超过10%。在此定义下，如果一个外国公司得到了美国纽约证券交易所的某企业的10%股份，则这个资本流入就在贸易收支统计时归类为FDI账户。

虽然，"在中国，仅当外国资产股份占到25%以上时，外国资产资本流入才归类为 FDI"（黄亚生，2005），但由于广义上的外资是相对于国内资本而言的外来资本，并且东道国企业中外国资产股份大小并不影响中国存在强烈 FDI 偏好现象这一事实。因此，基于 IMF 对 FDI 的定义，我们认为，FDI 是指外国投资者在东道国以建立企业形式为目标的国际投资，包括外国投资者持有东道国企业任何比例股份的资本流入。

此外，从中国的实践来看，基于市场经济体制不足而产生的外资需求偏好，其外资更多的是以资金形式出现的，这种外资需求偏好多属于资金数量扩张性型外资需求偏好。

（三）经济制度、经济体制和制度

经济制度与经济体制既相区别也有联系。而综观国内外文献，当述及制度变迁和互补时，一般都会将经济制度、经济体制当着制度来看待，并不加以区分。每当此时，经济制度、经济体制都是指一组约束或博弈规则。

1. 经济制度和经济体制

经济制度与经济体制是两个含义迥然的概念。

所谓经济制度，"在其与经济机制、经济体制相区别的意义上，它不指一些社会经济部门或社会某一方面的具体制度，如工业经济制度、农业经济制度等等"（许涤新，1983）。所以，经济制度就是指"社会经济制度"，"即在一定历史发展阶段上的生产关系总和（许涤新，1983）"。马克思主义政治经济学认为，生产关系是指人们在物质资料生产过程中所结成的人与人之间的相互关系，但这一关系在不同的理论话语体系中具有不同的内涵。根据斯大林则在《苏联社会主义经济问题》中提出的生产关系内涵，可以将生产关系定义为由生产资料所有制形式决定的人们在生产中所处的地位和结成的人与人之间相互关系以及相应的交换和分配关系。由此看来，"生产资料所有制在经典理论中遂为生产关系的基础；而在现代资本主义社会，生产中生产资料归谁所有已不再占有绝对的支配性地位，而生产中人与人之间的关系，也不再能简单地由生产资料所有制及由此产生的不同社会集团的相互关系和完全由它们决定的产品分配所能代表。所以，可以将经济制度也就是社会经济制度定义为由生产过程中的各种生产要素及其所有者的相对地位所决定的其所有者间的关系，它包括生产要素归谁所有，生产要素及其所有者在生产过程中的地位和相互关系及其相应的产品分配形式"（赵儒煜，1994）。这一定义也是常用的学术定义。

经济体制并不存在唯一的、普遍能够接受的定义，但还是可以给经济体制下一个一般定义，即"所谓经济体制是指整个社会经济活动中所有经济要素（包括经济主体要素和客体要素在内）的组合方式及其框架所形成的组织体系和秩序制度的总和"（赵儒煜，1994）。显然，简单地说，经济体制是指资源的一种配置方式。例如，市场经济体制就是强调市场在资源配置中起基础性和决定性作用，而计划经济体制则强调政府在资源配置中的决定性作用。就经济体制与社会经济制度的关系来说，经济体制是社会经济制度的一种表现或实现形式，但绝不是唯一的形式，例如，社会主义经济制度既可以借助计划经济体制来表现或实现，也可以借助市场经济体制来表现或实现。

本书中的政府经济管理体制、国有企业制度、民营企业制度以及金融体制等均属于经济体制范畴。这里需要指出的是，从内涵看，国有企业制度和民营企业制度都属于经济制度范畴，但是，它们又是社会主义市场经济体制的重要组成部分，因此，我们姑且将它们均看作经济体制的内容。

2. 制度

与上述两个概念相关的是本书有关制度变迁和制度互补中"制度"指向问题。诺思将"制度"定义为"一个社会的博弈规则，或更规范地说，它们是一些人为设计的、型塑人们互动关系的约束"（North，1990），"制度约束包括两个方面：有时它禁止人们从事某种活动；有时则界定在什么样的条件下某些人可以被允许从事某种活动"。因此，依照此定义，"制度乃是一种人类在其中发生相互交往的框架"（North，1990）。青木昌彦则将制度概括为，"关于博弈重复进行的主要方式的共有理念的自我维系系统……其实质是对博弈均衡的扼要表征或信息浓缩"（青木昌彦，2000）。而杰弗里·M.霍奇逊给出的制度定义是，"制度是为了规范社会互动而建立或植入的社会规则体系……在这个语境下，规则是指社会传递的、习惯性的规范禁令或内在的规范安排……组织是包括成员标准、授权原则和责任划分的特殊制度"（Geoffrey，2006）。综上，制度可以被定义为一组约束人们行为的规范。从这个意义上说，政府经济管理体制、国有企业制度、民营企业制度中都内含制度内容。

此外，在本书研究中，制度变迁和制度互补的立意是，它们是社会主义市场经济体制的一种改革方式或路径，旨在通过这种方式，完善社会主义市场经济体制。因此，结合制度概念，本书研究的制度变迁和制度互补既包括国有企业制度和民营企业制度改革，同样也包括政府经济管理体制和金融体制改革。

四、研究思路与方法

（一）研究思路

本书的基本研究思路包括以下几个依次递进的步骤：①客观揭示在巨额外汇储备和高储蓄率的新形势下中国外资需求偏好状况。本部分着重概述中国改革开放以来利用外资的历程以及在巨额外汇储备和高储蓄率形势下的中国实际利用外资状况，再选择相关典型国家，包括发达国家和发展中国家，将其利用外资状况与中国进行描述性比较，以进一步突出中国的外资需求偏好。②就社会主义市场经济体制中的政府经济管理体制、国有企业制度、民营企业制度以及金融体制中各自存在的不足，深入阐述这些制度供给机制与中国外资需求偏好之间的理论关系，并在此基础上进行实证分析；之后结合典型案例，从实践上进一步验证社会主义市场经济体制不足与外资需求偏好之间的关系。③在理论和实证分析基础上，从制度变迁和互补角度等制度改革角度提出建立富有效率的制度，以推进社会主义市场经济体制改革，进而减弱中国资金数量扩张型外资需求偏好。

（二）研究方法

中国外资需求偏好的制度供给机制、外资需求偏好的实证分析以及减弱外资需求偏好的制度安排等是本书研究的重点和难点，因此，研究中的理论剖析与实证分析不可或缺，于是，定性分析、计量实证、问卷调查和典型案例分析法等为本书的主要研究方法。

1. 定性分析法

本书立足于改革开放以来中国引进外资的实践，深入、全面、客观地从理论上剖析政府经济管理体制、国有企业制度、民营企业制度以及金融体制等社会主义市场经济体制中存在的某些不足与中国外资需求偏好之间的理论关系。本书最后，还将运用制度经济学相关理论提出减弱由制度不足引起的资金数量扩张型外资需求偏好，提高中国利用外资质量的制度变迁和互补路径选择等制度改革路径。需要注意的是，本书并不试图解释中国外资需求偏好的绝对量为何多于其他所有发展中国家但又为何少于美国等发达国家，或者为何在某一个具体的年份中国吸引的外资多于或少于其他国家。不仅如此，诸如中国稳定的政治环境、巨大的国内市场、较高的经济增长速度等吸引外资的因素以及基于调整产业结构、提高技术水平、增加就业、促进出口等需要而引进外资的客观事实，在本书中也没有突出的作用。不是因为这些因素对中国吸引外资没有作用，它们有巨大的作用，也不是因为外资无助于中国经济发展，而是因为这些因素或现象与本书的研究主题和目的没有相关性。本书旨在从东道国市场经济体制存在某些不足这一需求角度阐述它们与中国外资需求偏好之间的相关性，进而找到深化社会主义市场经济体制改革、提高利用外资质量的制度安排。

2. 计量实证研究

经济研究方法中的一个重点也是一个热点莫过于用时间序列数据、截面数据或者平行数据对各类形形色色的经济理论或模型结论进行检验，而这其中计量检验是验证经济理论或模型的解释力的有力工具。因此，经济学理论始终脱离不了实证检验的支持或挑战。尽管现有文献在有关市场经济体制不足与外资需求偏好之间的关系方面进行了有益探索，但普遍缺乏有关两者之间关系的实证研究。针对以往文献的不足和本书的研究需要，我们将以中国利用外资以及样本国有企业和民营企业利用外资的时间序列与截面统计数据为基础，对这些数据进行计量实证分析，进一步验证市场经济制度不足与中国外资需求偏好之间的理论关系。

3. 问卷调查与典型案例分析法

问卷调研是一种发掘事实状况并收集符合某项研究目标或目的资料的研究方法，分为描述性和分析性两类问卷调查。如果一个问卷调查的对象能较好地配合调研者工作且回答的结果基本符合研究目标，那么调研收集起来的事实、数据将有助于下一步研究工作的开展。经济管理中的案例分析则是从现实的经济活动或管理实践中找出成功和或失败之处，以期为类似经济管理活动提供借鉴，抑或是通过解剖实践，验证已经得出的理论和实证分析结论。针对以往文献的不足，本书在实证研究基础上，设计了中国外资需求偏好的制度供给机制的调查问卷，以中国经济大省同时也是利用外资最多的省份之一——江苏的苏南地区典型的地方政府及当地的一些国有企业、民营企业为调研对象，采用问卷调查和典型案例分析方法，进一步剖析其引资行为与市场经济体制某些不足之间的关系。

五、研究内容及框架结构

本书的主要研究内容包括中国外资需求偏好概述、外资需求偏好的制度供给机制、减弱外资需求偏好的制度安排等。

（一）中国外资需求偏好概述

在客观阐述改革开放以来中国利用外资实践基础上，采用描述性的统计分析法，选择同中国经济发展水平比较接近的发展中大国——印度、巴西，新型工业化国家代表——韩国以及吸引外资规模处于世界前三位水平中的两个发达国家——美国、英国，将它们利用外资水平同中国进行描述性统计比较。我们认为，从总体水平上看，作为外汇储备大国和有着高储蓄率的大国，中国与其他发展中国家、新型工业化国家和发达国家相比，存在巨大的资金数量扩张型外资需求偏好。

（二）中国外资需求偏好的制度供给机制

从理论与实证上全面、客观阐述政府经济管理体制、国有企业制度、民营企业制度和金融体制等市场经济体制存在的某些不足以及它们与中国外资需求偏好之间的关系。作为世界第一大外汇储备国和有着高储蓄率的大国，中国巨大的外资需求偏好不是源于"两缺口理论"所说的发展中国家的资金不足，不是完全源于企业低下的生产能力，也不是完全源于其他传统文献所说的中国存在廉价劳动力资源、良好的基础设施、巨大的市场和稳定的政治环境等供给条件，更不是完全源于 FDI 对中国经济增长的贡献率。当前，中国巨大的外资需求偏好，其部分原因源于中国社会主义市场经济体制的某些不足。也就是说，政府经济管理体制、国有与民营企业制度、金融体制中存在的不足是导致中国外资需求偏好的重要原因。

（三）减弱外资需求偏好的制度安排

在上述理论及实证分析基础上，本书最后将探求完善社会主义市场经济体制以减弱中国外资需求偏好、提高利用外资质量的制度安排。与以往研究不同的是，本书认为，不仅政府经济管理体制、国有企业制度、民营企业制度以及金融体制等社会主义市场经济体制本身需要推进制度变迁，而且还必须通过推进它们关联制度的制度互补，完善社会主义市场经济体制，只有这样，才能建立富有效率的制度安排，从而提高社会主义市场经济体制整体效率。这是减弱资金数量扩张型外资需求偏好、提高中国利用外资质量的重要前提。

其中，制度变迁与互补还存在路径的形成机制问题，而这一机制主要包括两个方面：一是制度变迁与互补的生成。经济制度具有人为设计性，制度变迁与互补尽管具有客观现实性，但它的生成往往需要人们的探索与努力。当存在约束现存经济制度的因素时，制度变迁与互补尽管有内在需求，但不能生成，只有克服这些因素，才能形成制度变迁或互补。二是制度变迁与互补的突破。经济制度变迁与互补，是动态运行中的变迁与互补，制度变迁与互补的突破就是制度变迁的动态选择过程。若某种制度的组成要素阻碍了该制度变迁或互补时，制度便无法发展，于是，制度变迁在所难免；同样，当某种制度的互补制度阻碍了该制度有效配置资源时，双方也会产生制度摩擦，互补性趋弱，彼此也无法发展，于是互补制度的产生也在所难免。

针对上述主要研究内容，本书框架结构由绪论及正文的七章组成。

绪论，主要介绍本书的研究背景、相关研究现状、核心概念、研究思路与方法、主要研究内容、创新及不足等。

第一章，中国外资需求偏好概述。在客观阐述改革开放以来中国利用外资实践基础上，采用描述性统计方法，选择典型发达国家、新型工业化国家和发展中国家，对中国当前利用外资实践进行国际比较，以突出中国存在的巨大外资需求偏好。

第二章，政府经济管理体制与中国外资需求偏好。地方政府公司化、地方市场分割以及政治寻租等，是中国当前政府经济管理体制中存在的主要不足。本章主要阐述政府经济管理体制中的这些不足与外资需求偏好之间的关系。

第三章，国有企业制度与外资需求偏好。产权不清、资产专用性强以及剩余损失等，是我国当前国有企业存在的制度不足。本章主要阐述当前我国国有企业制度中存在的这些不足与外资需求偏好之间的关系。

第四章，民营企业制度与外资需求偏好。家族制企业融资规模的有限性、信息不对称、公司治理结构不完善等，是我国当前民营企业制度存在的不足。本章主要阐述当前我国民营企业制度中存在的这些不足与外资需求偏好之间的关系。

第五章，金融体制与外资需求偏好。金融体制的计划特征、金融市场的不发达，是当前我国金融体制存在的主要不足。本章主要阐述当前我国金融体制中存在的这些不足与外资需求偏好之间的关系。

第六章，中国外资需求偏好制度供给机制实证分析。运用计量实证分析方法，计量分析政府经济管理体制、国有企业制度、民营企业制度以及金融体制存在的不足与外资需求偏好之间的关系。同时，通过调研问卷分析及典型案例剖析，从实践上再次印证本书的理论及实证分析结论。

第七章，减弱中国外资需求偏好的制度安排。中国是一个高储蓄率大国，也是一个外汇储备大国，发展经济，首先应当充分利用好国内资金资源，提高国内资金资源配置效率。因此，从这个角度来说，我们认为，应当通过制度变迁和制度互补等制度改革路径，构建富有效率的制度安排，推进中国社会主义市场经济体制改革，完善市场经济体制，从而减弱中国资金数量扩张型外资需求偏好，提高利用外资的质量，这也是本书最终目标之所在。

第一章
中国外资需求偏好概述

改革开放尤其是 20 世纪 90 年代以来，中国引进外资总量不断增长，为当今世界吸引 FDI 最多的发展中国家，也是当前世界吸收 FDI 居于前列的国家。无论是同发展中国家相比，还是同大部分发达国家相比，中国都存在巨大的外资需求偏好。传统的"两缺口理论"已经无法解释中国外资需求偏好，而转型时期的社会主义市场经济体制的一些制度安排则是破解中国外资需求偏好的"两缺口悖论"难题的有效方法。

一、中国利用外资的历程

1978 年中共十一届三中全会确定了中共在新的历史时期的基本路线，将工作重心从以"阶级斗争为纲"的政治斗争状态转移到以国内经济建设为重心的轨道上来，同时实施改革开放的伟大战略方针。积极利用外资是中国对外开放战略的重要组成部分，也是中国在经济全球化浪潮中参与国际分工获取比较利益的重要途径。30 多年来，在对外开放战略的指导下，中国利用 FDI 的规模不断扩大，领域不断拓宽，质量和水平日益提高。FDI 在促进出口、增加就业、推动产业升级换代等方面扮演着重要角色，为中国经济的持续快速增长做出了重要贡献。根据联合国贸发会议（UNCTAD）网站统计数据，1980 年以来，除个别年份（如 1999 年、2009 年、2012 年）较前年略有下降外，总的看来，中国吸收 FDI 数量呈不断上升态势（图 1-1、表 1-1），是当今世界吸收 FDI 最多的发展中国家。据 UNCTAD 统计数据库数据，2002 年中国吸收 FDI527.4 亿美元，超过英国当年的 196.8 亿美元，为世界第二大 FDI 吸引国；2005～2007 年，中国吸收 FDI 仅次于美国、英国，居世界第三位；2008～2015 年（除 2014 年），中国又回到世界第二大 FDI 输入国位置；2014 年中国实际吸收 FDI1 285.0 亿美元，超过美国当年吸收的 1 066.14 亿美元，位居世界第一。

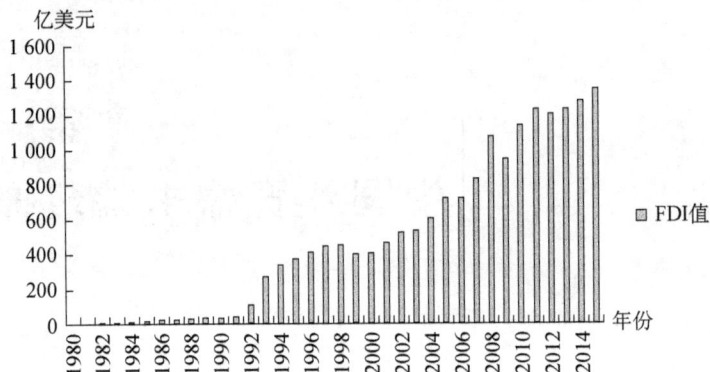

图 1-1　1980～2015 年中国历年吸收 FDI 值

资料来源：联合国贸发会议网站

表 1-1　1980～2015 年中国吸收 FDI 流入量及占世界总量之比

年份	中国/亿美元	世界总量/亿美元	占比/%
1980	0.6	544.0	0.1
1981	2.7	695.8	0.4
1982	4.3	582.2	0.7
1983	9.2	503.9	1.8
1984	14.2	561.6	2.5
1985	19.6	558.3	3.5
1986	22.4	867.0	2.6
1987	23.1	1 368.7	1.7
1988	31.9	1 642.3	1.9
1989	33.9	1 969.4	1.7
1990	34.9	2 049.1	1.7
1991	43.7	1 539.8	2.8
1992	110.1	1 629.3	6.8
1993	275.2	2 201.1	12.5
1994	337.7	2 549.2	13.2
1995	375.2	3 415.2	11.0
1996	417.3	3 887.6	10.7
1997	452.6	4 815.0	9.4

续表

年份	中国/亿美元	世界总量/亿美元	占比/%
1998	454.6	6 923.3	6.6
1999	403.2	10 763.8	3.7
2000	407.2	13 588.2	3.0
2001	468.8	6 837.7	6.9
2002	527.4	5 898.1	8.9
2003	535.1	5 505.9	9.7
2004	606.3	6 882.3	8.8
2005	724.1	9 501.3	7.6
2006	727.2	14 021.3	5.2
2007	835.2	19 022.4	4.4
2008	1 083.1	14 977.9	7.2
2009	950.0	11 814.1	8.0
2010	1 147.3	13 888.2	8.3
2011	1 239.9	15 668.4	7.9
2012	1 210.8	15 109.2	8.0
2013	1 239.1	14 271.8	8.7
2014	1 285.0	12 770.0	10.1
2015	1 356.1	17 621.6	7.7

资料来源：联合国贸发会议网站

从利用外资的历程看，改革开放30多年来，中国利用外资先后有四个关键节点：一是1978年将对外开放确定为一项基本国策；二是1983年后陆续开放一些沿海开放城市和沿海经济开发区，对经济特区模式给予充分肯定；三是1992年的邓小平"视察南方重要谈话"，科学地定义了"姓资""姓社"问题，从理论上清除了利用外资的障碍；四是2001年中国加入世界贸易组织（WTO），自2002年起，中国改革开放迈上了一个新的台阶，进入了全面开放的新时期。据此可以将中国自改革开放以来利用外资的历程划分为四个阶段。

（一）起步阶段：1979~1982年

1978年12月的中共十一届三中全会在总结历史经验的基础上，根据当时国际上的有利条件，适时作出了对外开放的重大战略决策，将对外开放确定为一项基本国策，强调将工作重心转移到经济建设的轨道上来，视野从国内拓展到国外，正确处理国内和国外两个市场之间的关系，充分利用好外部资源，加速社会主义现代化建设。在引进外部资金方面，制定了一系列法规、政策和措施，初步改善了投资环境，新中国利用外资事业得到一定发展。

早在 1979 年 1 月，邓小平在同几位工商界领导人谈话中指出："现在搞建设，门路要多一点，可以利用外国的资金和技术，华侨、华裔也可以回来办工厂"，"我们欢迎在海外的华侨、华人参与这个具有前景的事业……我们欢迎海外的华侨、华人都回来走走。一是了解我们的国家，二是看看有什么事情可以参与，可以尽力。我们相信在国外的华侨、华人是会热心支持我国的建设事业的。"在利用外国资金问题上，邓小平首先提出将利用华侨、华人的资金、技术等作为建设社会主义现代化事业的重要组成部分，使中国利用外资实践有了突破性进展。邓小平的建议，首先得到了陈云的肯定。对于资金不足，陈云说道："可以向外国借款，中央下这个决心很对。"1979 年 10 月，邓小平进一步说："我认为，现在研究财经问题，有一个立足点要放在充分利用、善于利用外资上，不利用太可惜了。"1978 年 12 月的中共十一届三中全会上专门印发了《苏联在二三十年代是怎样利用外国资金和技术发展经济的》《战后日本、西德、法国经济是怎样迅速发展起来的》等参考资料。会议讨论并原则同意《一九七九、一九八零两年经济计划的安排（草稿）》中提出的经济工作必须实行的三个转变之一，就是从那种不同资本主义国家进行经济技术交流的闭关自守或半闭关自守状态，转为积极地引进国外先进技术，利用国外资金，大胆地进入国际市场。在邓小平的推动下，第五届全国人民代表大会第二次全体会议于 1979 年 7 月 1 日通过了《中华人民共和国中外合资经营企业法》，并于同年 7 月 8 日正式公布实施。这是新中国历史上第一部涉外经济贸易法律，也是新中国历史上第一部外商投资法律，拉开了新中国对外开放的序幕。

此后，中国利用外资实践伴随着特区的设立而得到进一步发展。1979～1980 年，中共中央还先后批准广东、福建两省在对外经济开放中实行特殊政策和灵活措施，并同时在深圳、珠海、汕头和厦门 4 个城市建立经济特区，对外资实行了一系列特殊优惠政策。1979 年 4 月，中央工作会议期间，广东省委主要负责人习仲勋、杨尚昆向中央汇报，提出要发挥广东的优势，邓小平对此表示支持。他说："可以划出一块地方，叫特区。陕甘宁开始就叫特区嘛"，"广东、福建实行特殊政策，利用华侨资金、技术，包括设厂，这样搞不会变成资本主义。"中共中央、国务院根据邓小平的建议，派出工作组赴广东、福建考察，与两省领导共同研究办特区的问题。考察组经过调查研究，确认广东、福建两省靠近港澳，华侨众多，具有建立特区的诸多便利条件。1979 年 7 月 15 日，中共中央、国务院批转广东省委和福建省委关于对外经济活动实行特殊政策和灵活措施的两个报告。同意两省报告中所提的"试行在中央统一领导下大包干的经济管理办法"，决定"先在深圳、珠海两市划出部分地区试办出口特区"，作为吸引外资的一种特殊方式。待取得经验后，再考虑在汕头、厦门设置特区。1980 年 3 月，中共中央在广州召开广东、福建两省会议。会议同意将"出口特区"定名为内涵更为丰富的"经济特区"。1980 年 5 月，中共中央和国务院批转《关于广东、福建两省会议纪要》，决定在广东的深圳、珠海、汕头和福建的厦门，各划出一定范围的区域，试办经济特区。随着改革开放的深入，中共中央、国务院先后决定开放沿海 14 个城市，在长江三角洲、闽东南地区、环渤海地区开辟经济开放区。在特区建设过程中，设立海南特区是中国经济体制改革和特区建设的又一伟大实践。1980 年 6 月和 1983 年 4 月，中共中央、国务院批转《海南岛问题座谈会纪要》和《加快海南岛开发建设问题讨论纪要》，确定对海南实行以对外开放促进岛内开发的方针，决定加快海南岛的开发建设，在政策上放宽，给予较多的自主权，海南特区由此建立。

这一历史时期，由于当时的社会主义国家包括中国在经济建设中都无利用外资的经验可循，所以，在这一阶段时期，中国利用外资的步伐是小心谨慎的；同时，由于中国正处于计划经济向社会主义市场经济的转型过程中，许多法律制度还不完备和健全，外商对中国了解不多，存在许多顾虑和疑惑，所以他们同样采取了非常审慎的态度。1979 年 9 月，中国签订了第一家外商对华直接投资协议。1981 年 11 月，第五届全国人民代表大会第四次会议的政府工作报告首次提出要充分利用"两种资源"和"两个市场"来加快中国发展。此后，理论界围绕"比较成本"和"国际分工"理论展开了热烈讨论。

在整个起步阶段，根据 UNCTAD 网站的统计数据库，1980～1982 年，中国实际利用 FDI7.5 亿美元，规模偏小，每年占世界利用 FDI 总量不到 1%（表 1-1）。尽管如此，通过起步阶段的摸索和实践，新中国引进外资的局面初步打开。

（二）成长阶段：1983～1991 年

1983 年 5 月，国务院召开了第一次全国利用外资工作会议，总结了对外开放以来利用外资的初步经验，统一了认识，进一步放宽了吸引外资的政策。1984 年，邓小平说："经验证明，关起门来搞建设是不能成功的，中国的发展离不开世界。当然，像中国这样大的国家搞建设，不靠自己不行，主要靠自己，这叫做自力更生。但是，在坚持自力更生的基础上，还需要对外开放，吸收外国的资金和技术来帮助我们发展。这种帮助不是单方面的。中国取得了国际的特别是发达国家的资金和技术，中国对国际的经济也会做出较多的贡献。" 1984 年和 1985 年，国务院先后决定进一步开放上海、天津、大连、青岛、广州等 14 个沿海港口城市，并将长江三角洲、珠江三角洲、闽南厦（门）漳（州）泉（州）三角地区开辟为沿海经济开放区，在这些开放城市和开放地区实施利用外资的优惠政策，同时扩大地方审批利用外资权限。此后，全国人大和国务院逐步完善利用外资的立法工作。1986 年 4 月 12 日，第六届全国人民代表大会第四次全体会议通过了《中华人民共和国外资企业法》（以下简称《外资企业法》）并颁布实施，表明中国不仅允许外国的企业、公司和其他经济组织或者个人来华同中国的企业、公司或其他经济组织共同开办合营企业，也允许他们来华设立独资企业。1986 年 10 月 11 日，中国国务院发布《关于鼓励外商投资的规定》及若干实施办法共 22 条，对改善外商投资企业的生产经营条件起到了十分重要的作用。1988 年 4 月 13 日第七届全国人民代表大会第一次会议通过并颁布实施了《中华人民共和国中外合作经营企业法》（以下简称《中外合作经营企业法》）。1987 年 12 月，国家有关部门制定了指导外商投资方向的有关规定，旨在创造良好的外商投资环境并改善外商投资结构。1988 年，党中央、国务院决定将沿海经济开放区扩展到北方沿海的辽东半岛、山东半岛及其他沿海地区的一些市县，批准海南建省和设立海南经济特区。1990 年 4 月 4 日，第七届全国人民代表大会第三次全体会议对《中华人民共和国中外合资经营企业法》（以下简称《中外合资经营企业法》）进行了修正，新法明确提出了诸如不对合资企业实行国有化、外商可担任董事长、合资企业可以不约定合营期限等规定。为了吸收外商投资开发经营成片土地，以加强公用设施建设，改善投资环境，引进外商投资先进技术企业和产品出口企业，1990 年还颁布了《外商投资开发经营成片土地暂行管理办法》，规定开发企业依法自主经营管理，但在其开发区域内没有行政管理权；1991 年 4 月 9 日，第七届全国人民代表大会第四次全体会议还颁布了《外商投资企业和外国企业所得税法》，把涉外企业的税法合并，当年国务院便公布其实施细则。1990 年 4 月 18 日中共中央、国务院决定开发和开放上海浦东新区。

随着利用外资的法律规范不断补充和完善，以及利用外资优惠政策的实施，中国利用外资得到了较快发展。1983～1991 年，中国累计实际利用 FDI232.86 亿美元，占整个世界的同期流量的平均比重为 2.25%。其中，1983～1986 年，中国每年实际吸收 FDI 占世界同期比重呈不断上升势头（表 1-1）。

（三）快速提高阶段：1992～2001 年

1992 年 1 月 18 日至 2 月 21 日，邓小平先后视察了武昌、深圳、珠海、上海等地，发表了重要讲话，史称"南方谈话"。谈话肯定了市场也是社会主义经济的资源配置手段，计划和市场不是"姓资""姓社"的本质区别；强调要加快改革开放，改革开放的判断标准主要看是否有利于发展社会主义社会的生产力，是否有利于增强社会主义国家的综合国力，是否有利于提高人民的生活水平；革命是解放生产力，改革也是解放生产力，要坚持中共十一届三中全会以来的基本方针，关键是坚持"一个中心、两个基本点"的基本路线一百年不动摇。1992 年 10 月，中国共产党第十四次全国代表大会报告中第一次明确提出了建立社会主义市场经济体制的目标模式，将社会主义制度和市场经济结合起来。建立社会主义市场经济体制，这是中共的一大创举，从而结束了"姓资""姓社"的争论，从理论上扫除了利用外资的障碍。在这一背景下，中国对外开放政策和引进外资从局部推广到全国。继沿海、沿边城市相继对外开放之后，1992 年以后，中国国务院决定进一步开放 6 个沿江港口城市、13 个内陆边境城市和 18 个内陆省会城市，建立起 52 个高新技术产业开放区、11 个旅游度假区，由国家实行政策倾斜的开放地带遍布沿海、沿江、沿边，覆盖 354 个市（县）、55 万平方公里、3.3 亿人口。1994 年实施人民币汇率体制的重大改革，取消了人民币双重汇率制度，官方汇率和外汇调剂价格并轨，中国开始实施以市场供求为基础的、单一的、有管理的浮动汇率制度。1994 年 4 月 4 日，银行间外汇市场正式运营，各外汇指定银行依照中国人民银行公布的汇率，在规定的上下幅度内决定挂牌汇率，对客户买卖外汇。1995 年 6 月，国务院颁布了《指导外商投资方向暂行规定》和《外商投资产业指导目录》，将外商投资产业分为鼓励、允许、限制和禁止四大类，提高了利用外资的政策透明度。1996 年，将外商投资企业纳入银行结售汇体系，实现了人民币经常性项目下的自由可兑换。

1997 年 7 月东南亚金融危机的爆发，使中国利用外资遭遇到了严峻挑战。国际金融危机爆发以后，中国国内便出现了国内需求不足和通货紧缩现象，利用外资面临许多难题。1997 年 9 月，江泽民同志在中共十五大上对中国利用外资作出了全新和明确的指示。他说："积极合理有效地利用外资。有步骤地推进服务业的对外开放。依法保护外商投资企业的权益，实行国民待遇，加强引导和监管"，"正确处理对外开放同独立自主、自力更生的关系，维护国家经济安全。"1997年，中共中央、国务院召开了全国利用外资工作会议，总结了20年来中国利用外资的经验，提出了进一步扩大对外开放、提高利用外资水平的要求；在继续保持吸收外资相当规模的同时，吸收外资工作将与国民经济整体发展更紧密地结合，更加注重改善吸收外资的产业、地区结构。1998年12月，江泽民在纪念十一届三中全会召开20周年大会上总结说："历史的事实已充分说明，中国的发展离不开世界，关起门来搞建设是不能成功的。实行对外开放，是符合当今时代特征和世界经济技术发展规律要求的、加快我国现代化建设的必然选择，是我们必须长期坚持的一项基本国策。在我们这样一个人口众多的发展中的社会主义大国，任何时候都不能依靠别人搞建设，必须始终把独立自主、自力更生作为自己发展的根本基点，必须把立足国内、扩大国内需求作为经济发展的长期战略方针，同时又必须打开大门搞建设，必须大胆吸收和利用国外的资金、先进技术和一切进步的东西……把利用国内资源、开拓国内市场同利用国外资源、开拓国际市场结合起来，把对内搞活和对外开放结合起来，这样就能不断地为我国社会主义现代化建设提供强大的动力。"1999年10月的中共中央经济工作会议提出"西部大开发"方针，鼓励外商到中国广大中西部地区投资建厂，中共中央将对西部地区的外商投资赋予更多的优惠措施，至此，中国已经形成多层次、全方位、宽领域、有重点的利用外资新格局。

在上述背景下，1992～2001年中国利用外资数量得到了快速提高，其间共吸收FDI 3 701.9亿美元，尤其是在东南亚金融危机前，中国每年实际吸收的FDI占世界总量之比几乎均在10%以上（表1-1）。

（四）稳步发展阶段：2002年至今

2001年12月11日，中国正式成为世界贸易组织（WTO）成员，中国改革开放与国际游戏规则全面接轨，利用外资实践迎来了新局面。为了使国内立法与WTO规则接轨，中国第八届全国人大常委会第十八次会议在2000年10月31日通过了《中外合作经营企业法》和《外资企业法》两法修正案，大幅度地取消了对这些企业的限制性规定。2001年3月第九届全国人民代表大会第四次会议通过了对《中外合资经营企业法》的修改决议。2001年7月国务院修订《中外合作经营企业法实施条例》，之后有关部门又对《指导外商投资方向暂行规定》等法规进行了修订。上述有关外商投资企业法的修改主要涉及如下方面：为跨国公司进入中国提供了符合 WTO 规则和国际惯例的运营环境，提高了中国外贸法律政策的透明度；给予外商投资企业以国民待遇，取消了原来《中外合作企业法》《外资企业法》中关于外资企业的硬性外汇平衡要求，等等。

为使利用外资与中国的国民经济和社会发展规划相适应，2002 年 2 月 11 日，中国国务院将《指导外商投资方向暂行规定》修订为《指导外商投资方向规定》。该规定仍把外商投资项目分为鼓励、允许、限制和禁止四类。中国国务院有关部委于 2002 年、2004 年、2007 年和 2011 年对《外商投资产业指导目录》进行了 4 次修订。2011 版的《外商投资产业指导目录》较 2007 版相比，增加 3 条鼓励类，减少 7 条限制类，减少 1 条禁止类；取消了一些对外资的股比限制领域，鼓励类和限制类中有股比要求的条目比 2007 年版减少 11 条。2011 年版最大的特点是鼓励外商重点投资高端制造业、战略性新兴产业和服务业。2013 年 11 月，中共十八届三中全会通过的《中共中央关于全面深化改革若干重大问题的决定》中指出，统一内外资法律法规，保持外资政策稳定、透明、可预期。鉴于《中外合资经营企业法》《外资企业法》和《中外合作经营企业法》中关于企业组织形式、经营活动等规定和《中华人民共和国公司法》等有关法律存在重复甚至冲突，为了适应构建开放型经济新体制需要，进一步激发市场活力和转变政府职能，2013 年 12 月商务部发布了关于《中外合资经营企业法》《外资企业法》和《中外合作经营企业法》3 部法律的修订意见征集通知，为将它们合成一部统一的《中华人民共和国外国投资法》作准备。中共十八届三中全会通过的《中共中央关于全面深化改革若干重大问题的决定》中还指出，实行统一的市场准入制度，在制定负面清单基础上，各类市场主体可依法平等进入清单之外领域；探索对外商投资实行准入前国民待遇加负面清单的管理模式。2015 年 1 月，商务部公布《外国投资法（草案征求意见稿）》，不再将外商投资企业的组织形式和经营活动作为主要规范对象，同时将实行准入前国民待遇加负面清单的管理模式。中国的外商直接投资管理体制开始与国际上通行的负面清单管理制度逐步接轨。2015 年 4 月，国务院印发了《自由贸易试验区外商投资准入特别管理措施（负面清单）》和《自由贸易试验区外商投资国家安全审查试行办法》，决定在上海、广东、天津、福建 4 个自由贸易试验区实施。自由贸易试验区负面清单列明了不符合国民待遇等原则的外商投资准入特别管理措施。负面清单之外的领域，内外资统一管理，外商投资项目和企业设立基本实行备案制。外商直接投资的负面清单管理制度的实行，有利于切实提高投资便利化水平和完善现代市场体系。2015 年 10 月，国务院颁布了《国务院关于实行市场准入负面清单制度的意见》（以下简称《意见》）。《意见》明确自 2018 年起正式实行全国统一的市场准入负面清单制度。《意见》要求建立与市场准入负面清单制度相适应的外商投资管理体制，外商投资企业投资建设固定资产投资项目，按照国民待遇原则与内资企业适用相同的核准或备案程序。《意见》还指出，实施市场准入负面清单和外商投资负面清单制度，有利于加快建立与国际通行规则接轨的现代市场体系，有利于营造法治化的营商环境，促进国际国内要素有序自由流动、资源高效配置、市场深度融合，不断提升我国国际竞争力，是以开放促改革、建设更高水平市场经济体制的有效途径。

随着外商投资管理方式逐步与国际接轨，中国的外商直接投资的超国民待遇政策也在悄然发生变化。2007 年 3 月 16 日，第十届全国人大常委会第五次会议通过《中华人民共和国企业所得税法》，废止《外商投资企业和外国企业所得税法》与《企业所得税暂行条例》，将内外企业所得税合并，实行统一的 25%税率，在税收上实行国民待遇。中国国务院还于 2007 年 12 月 26 日发出了《关于实施企业所得税过渡优惠政策的通知》，给予外商投资企业过渡期。2010 年 4 月中国国务院公布了《国务院关于进一步做好利用外资工作的若干意见》，自 2010 年 12 月 1 日起，外商投资企业、外国企业及外籍个人适用国务院 1985 年发布的《中华人民共和国城市维护建设税暂行条例》和 1986 年发布的《征收教育费附加的暂行规定》。也就是说，从 2010 年 12 月起，在华外企将被征收城市维护建设税和教育费附加费，不再享受超国民待遇。而未来几年将问世的《外国投资法》中将明确规定对外商直接投资实行准入前国民待遇加负面清单的管理模式。

2008 年发端于美国的全球金融危机爆发后，对中国利用外资实践产生了重要影响，使中国利用外资出现了短暂的下滑局面（2009 年，见表 1-1）。中国政府为此采取了积极有效的应对措施，比如：推进外商投资审批管理体制改革，进一步下放外商投资审批权限；大力推行网上审批，减少外商投资项目审核环节，缩短审核时限，提高行政效率，推进投资便利化；加强产业引导，优化外商投资产业结构，支持外商投资企业积极参与国家扩大内需安排的各项投资项目，并在重点产业调整和振兴中发挥积极作用；进一步鼓励跨国公司在华设立地区总部、研发中心、物流中心、采购中心和培训中心，完善地区总部功能；促进外商到中西部地区投资，优化外资的区域结构，完善中西部地区进一步扩大开放、吸收外资的支持政策；加大对中西部地区国家级经济技术开发区基础设施建设的支持力度，提高中西部地区承接国际和东部地区产业转移的能力。而 2010 年 4 月国务院颁布的《国务院关于进一步做好利用外资工作的若干意见》的核心思想是提高利用外资质量，优化利用外资结构，促进利用外资方式转化，引导外资投资于中西部地区，优化投资环境。

2002 年中国全面融入世界经济全球化浪潮以来，中国实际吸收 FDI 呈现稳步增长态势，至 2008 年首次突破 1 000 亿美元大关，当年吸收 FDI1 083.1 亿美元。自 2008 年以来，除 2009 年当年实际吸收的 FDI 下降到 1 000 亿美元以下外，近些年来一直保持在每年实际吸收 FDI 均超过 1 000 亿美元的水平，稳居世界前列，为发展中国家中吸引 FDI 第一大国。

二、中国利用外资的"两缺口悖论"

近代以来，中国经济上落后于西方资本主义国家是一个不争的事实，国人对中国自然资源禀赋的认识，特别是人均资源匮乏程度的认识，并不是很准确的。过去国人多从传统农业看人口，从总量上看自然资源，因而得出中国"地大物博、人口众多、资源丰富"的乐观结论，再加上意识形态等因素影响，对外资普遍持歧视态度进而加以拒绝。1978 年中共十一届三中全会以来，得益于中国共产党人对利用外资问题的卓有成效的探索，中国利用外资规模不断增加，是当今世界利用外资最多的发展中国家，也是世界第二大利用外资国。但问题是，从储蓄水平和外汇储备规模看，当前国内并不存在资金短缺状况，这似乎与解释发展中国家利用外资的传统理论——"两缺口理论"不符。那么，从这点上来说，如何评价中国不断增加的引资行为呢？

（一）"两缺口理论"概述

美国经济学家钱纳里（Chenery）和斯特劳（Strout）1966 年于《外援与经济增长》一文中在"储蓄缺口"和"外汇缺口"理论基础上提出了"两缺口理论"，该理论是阐述发展中国家利用外资的最为普遍的理论。该理论的逻辑起点是：发展中国家经济落后意味着资金贫乏，而资金的贫乏即意味着国内储蓄水平与预期的经济增长所需要的资金存在差距，这个差距即为缺口，而在国外资金方面存在的差距则为外汇缺口，"两缺口"由此得名。

"储蓄缺口"理论最早由罗森斯坦·罗丹（Paul Rosenstein-Rodan）等

人于 1961 年提出。该理论认为，发展中国家劳动生产率和人均收入水平较低，从而决定了其储蓄率低。过低的储蓄率限制了发展中国家的经济增长速度。发展中国家若谋求较高的经济增长率，其储蓄率就会相对不足。发展中国家的实际储蓄率与它所期望达到的经济增长率所需要的储蓄率之间就会存在一个差额，这个差额就是发展中国家的"储蓄缺口"，而吸引外资则是弥补该缺口的有效手段之一。通过积极而有效地利用外资，可以间接提高发展中国家的储蓄率，从而促进发展中国家的经济增长。因此，合适的外资规模正好与"储蓄缺口"相等。

"外汇缺口"最早由巴拉萨（Blassa）和麦金农（Mckinnon）于 1964 年提出。他们在研究外汇同一个国家经济发展之间的关系时，受罗森斯坦·罗丹等人"储蓄缺口"理论影响，提出了"外汇缺口"理论。该理论认为，发展中国家，内部经济不平衡的根源在于外部经济的不平衡。"储蓄缺口"是"外汇缺口"所导致，"储蓄缺口"之所以制约了发展中国家的经济增长，是因为发展中国家出口创汇能力低下以及外汇收入过低引起了"外汇缺口"。外汇不足就会制约发展中国家的进口能力。在外汇不足的情况下，许多亟须进口的技术设备、原材料等不能进口，这制约了发展中国家经济增长速度。而利用外资可以弥补外汇缺口的不足，增强发展中国家的进口能力，促进其经济增长。于是，合适的外资规模正好与"外汇缺口"相等。

"两缺口理论"在"储蓄缺口"和"外汇缺口"理论基础上进行了更为系统地解释与分析。该理论认为，在发展中国家经济增长过程中，影响经济全面进步的因素有四个：储蓄、投资、进口与出口。四个因素相互作用，使发展中国家的经济增长同时会受到储蓄不足和外汇不足的制约。"储蓄缺口"和"外汇缺口"的存在使发展中国家的国内生产要素得不到有效利用，从而制约了发展中国家的经济增长。而且在经济发展的一定时期，发展中国家的"储蓄缺口"和"外汇缺口"在数量上大体相等。但是，两个缺口在数量上的相等也只是事后相等，而在事前，由于前面的四个因素是独立变动的，"储蓄缺口"在数量上并不总是与"外汇缺口"相等。总之，外资不仅可以增加发展中国家的进口，也可以增加发展中国家的投资。发展中国家可以通过吸引外资来同时弥补储蓄和外汇两个缺口。合适的外资规模既等于"储蓄缺口"也等于"外汇缺口"。

（二）中国利用外资的"两缺口悖论"

发展中国家在经济发展初期普遍存在资金短缺状况，"储蓄缺口"和"外汇缺口"同时存在。改革开放初期，资金短缺也是制约中国经济增长的一个重要因素。在充分利用国内资金和提高国内资金利用效率的同时，国家确立了利用外资弥补中国社会主义现代化建设资金不足的长期方针，有效缓解了中国经济建设中资金紧张的矛盾，保证了经济的高速增长。1990～2015年，除1999年、2000年以及2012年外，我国吸收的FDI总体呈不断增长态势，FDI占GDP的平均比重为2.9%（表1-2）。而就同期的美国而言，除了2013年，FDI占GDP比重稍大于同期的中国数值外，其余年份均小于中国的数值；平均比重只有1.2%，也小于中国的数值（表1-2）。由此可见，1990年以来，外商直接投资在中国经济增长中依然发挥着重要作用。

表1-2 1990—2015年中美吸收FDI占GDP比重

年份	中国			美国		
	FDI/亿美元	GDP/亿美元	FDI/GDP/%	FDI/亿美元	GDP/亿美元	FDI/GDP/%
1990	34.9	3 965.6	0.9	484.2	60 106.3	0.8
1991	43.7	4 135.4	1.1	228.0	62 067.4	0.4
1992	110.1	4 933.8	2.2	192.2	65 744.2	0.3
1993	275.2	6 204.7	4.4	506.6	69 161.4	0.7
1994	337.7	5 644.1	6.0	451.0	73 489.5	0.61
1995	375.2	7 343.5	5.1	587.7	77 073.1	0.8
1996	417.3	8 643.2	4.8	844.6	81 461.8	1.0
1997	452.6	9 618.9	4.7	1 034.0	86 573.6	1.2
1998	454.6	10 288.1	4.4	1 744.3	91 440.1	1.9
1999	403.2	10 925.9	3.7	2 833.8	97 192.7	2.9
2000	407.2	12 089.2	3.4	3 140.1	103 473.5	3.0
2001	468.8	13 369.2	3.5	1 594.6	106 920.1	1.5
2002	527.4	14 688.6	3.6	744.6	110 501.5	0.7
2003	535.1	16 607.1	3.2	531.5	115 865.5	0.5
2004	606.3	19 526.4	3.1	1 358.3	123 552.5	1.1
2005	724.1	22 914.3	3.2	1 047.7	131 776.4	0.8
2006	727.2	27 519.5	2.6	2 371.4	139 431.7	1.7
2007	835.2	35 423.6	2.4	2 159.5	145 671.5	1.5
2008	1 083.1	45 645.1	2.4	3 063.7	148 122.3	2.1
2009	950.0	50 711.5	1.9	1 436.0	145 151.3	1.0

续表

年份	中国			美国		
	FDI/亿美元	GDP/亿美元	FDI/GDP/%	FDI/亿美元	GDP/亿美元	FDI/GDP/%
2010	1 147.3	60 053.9	1.9	1 980.5	150 627.6	1.3
2011	1 239.9	74 419.8	1.7	2 298.6	156 182.8	1.5
2012	1 210.8	84 714.3	1.4	1 884.3	162 568.2	1.2
2013	1 239.1	95 184.0	1.3	2 115.0	167 656.9	1.3
2014	1 285.0	104 305.9	1.2	1 066.1	174 517.5	0.6
2015	1 356.1	111 562.5	1.2	3 798.9	179 252.5	2.1

资料来源：联合国贸发会议网站。其中，GDP 是按照 2005 年的不变价格计算的

改革开放初期，利用外资在弥补中国经济发展中的储蓄和外汇两个缺口、促进出口、增加就业以及保持外汇平衡等方面发挥了不可替代的作用。但是，自 20 世纪 90 年代以来，中国经济发展过程中出现了国内资金大量闲置、持续上升的高储蓄率和外汇储备不断增加等现象。

一方面，20 世纪 90 年代以来，中国的储蓄率多数年份一直保持在 40% 的水平以上（表 1-2）。据中国人民银行课题组（1999）的测算，中国 1978 年以来国民储蓄率较发达国家储蓄率高出 10 多个百分点，储蓄倾向明显高于工业化国家的平均水平。卡拉伊（Kraay，2000）研究发现，1978～1995 年中国的平均国民储蓄率为 37%，而国际平均储蓄率仅为 21%。路易斯·奎吉斯用资金流量方法测算了中国 1990～2003 年的国民投资和储蓄率，发现中国的国民储蓄率一直维持在 40% 上下，1994 年和 2003 年国民储蓄率更是分别高达 42.7% 和 42.5%。从全球范围来看，2000 年以后中国的国民储蓄率位列第一，中东国家、日本和德国分列第二、三、四位，美国国民储蓄率一直处于最低位。总的看来，中国国民储蓄率从 20 世纪 70 年代至今一直居世界前列，90 年代初国民储蓄占国民生产总值的 35% 以上，到 2005 年中国储蓄率达 51%，而全球平均储蓄率仅为 19.7%；2009 年中国 53.6% 的储蓄率也是世界第一，2012 年储蓄率更是高达 52%，这在世界上是绝无仅有的。世界银行 2013 年统计显示，中国总储蓄在 GDP 中的比例在 2013 年就达到相当高的水平，位居全球第三，仅次于科威特和百慕大群岛地区。因此，从现实看，当前国内并不存在"储蓄缺口"，引进外资弥补"储蓄缺口"的作用也就无从谈起。

另一方面，中国改革开放以来，伴随着吸引外资和鼓励出口等对外开放战略的实施，中国经济持续高速增长，与此同时，中国的外汇储备也经历了一个从无到有、从小到大的变化过程。1996 年中国外汇储备首次突破

1 000 亿美元大关，达到 1 050.49 亿美元，2006 年年底突破 10 000 亿美元大关，达到 10 663.44 亿美元（表 1-3），超过日本成为世界第一大外汇储备国。[①]到 2008 年 4 月底，中国外汇储备达 1.76 万亿美元，超过当时世界七大工业国（包括美国、日本、英国、德国、法国、加拿大、意大利，简称 G7）的总和（刘玲玲等，2008）。截至 2015 年末，中国外汇储备则高达 33 303.62 亿美元[②]。经济学常识及中国对外开放的实践告诉我们，中国的外汇储备主要有三个来源：其一是经常性项目顺差，主要是中国的长期贸易顺差；其二是资本金融项目顺差，主要指中国引进的 FDI；其三是其他资本流入，如投机性资金等。1994～2014 年，绝大部分年份，中国国际收支中的经常性账户、资本和金融账户都保持双顺差状态，其中资本和金融账户顺差总额为 19 074 亿美元，经常性账户顺差总额为 26 322 亿美元[③]，这在世界上是绝无仅有的现象。尽管 2015 年中国国际收支出现新变化，从长期以来的"双顺差"转为"一顺一逆"，即经常性账户顺差，资本和金融账户逆差，其中经常性账户顺差 2 932 亿美元，资本和金融账户逆差 5 044 亿美元。但是，1994 年以来，我国国际收支总体仍是顺差，因此，当前的中国并不存在外汇缺口。

表 1-3　1993～2014 年中国的 FDI、储蓄率及外汇储备

年份	FDI/亿美元	国内储蓄率/%	外汇储备/亿美元
1993	275.2	41.72	211.99
1994	337.7	42.73	516.20
1995	375.2	41.52	735.97
1996	417.3	40.32	1 050.49
1997	452.6	40.76	1 398.90
1998	454.6	39.98	1 449.59
1999	403.2	38.61	1 546.75
2000	407.2	38.50	1 655.74
2001	468.8	38.89	2 121.65
2002	527.4	40.20	2 864.07
2003	535.1	42.50	4 032.51
2004	606.3	54.30	6 099.32

① 其实，早在 2006 年 2 月底就已经超过日本，当时的外汇储备为 8 537 亿美元，而同期的日本外汇储备为 8 501 亿美元。
② 数据系根据国家外汇管理局网站统计数据计算而得，http://www.safe.gov.cn/，2016-02-20。
③ 数据系根据国家外汇管理局网站统计数据计算而得，http://www.safe.gov.cn/，2016-02-20。

续表

年份	FDI/亿美元	国内储蓄率/%	外汇储备/亿美元
2005	724.1	51.80	8 188.72
2006	727.2	49.90	10 663.44
2007	835.2	48.0	15 282.49
2008	1 083.1	51.30	19 460.30
2009	950.0	53.60	23 991.52
2010	1 147.3	50.00	28 473.38
2011	1 239.9	56.00	31 811.48
2012	1 210.8	52.00	33 115.89
2013	1 239.1	50.08	38 213.15
2014	1 285.0	49.50	38 430.18

资料来源：①1993～2014 年 FDI 数据资料来源于联合国贸发会议网站。②外汇储备数据来源于国家外汇管理局网站。③1993～2003 年储蓄率数据来源于李扬、殷剑峰《中国高储蓄率问题研究》，《经济研究》2007 年第 6 期；2004～2008 数据来源于汪伟《经济增长、人口结构变化与中国高储蓄》，《经济学（季刊）》2009 年第 10 期；2009～2012 年数据来源于《人民日报》（海外版）2012 年 11 月 21 日；2013 年、2014 年储蓄率数据系根据当年国民储蓄额和 GDP 额计算而得

（三）"两缺口悖论"之解：转型时期市场经济体制的制度安排

鉴于中国国内存在丰富的储蓄资源以及巨额外汇储备状况，通过引进外资弥补国内"储蓄缺口"和"外汇缺口"的作用已经不再明显。也就是说，就中国存在的巨大 FDI 需求偏好而言，传统经济学关于利用外资的"两缺口理论"前提已不复存在，从这个意义上说，当前中国利用外资现象在理论上出现了"两缺口悖论"。如何解释这一悖论，或者如何定性这一引资行为？对于国内储蓄率高且有着较强的投资能力的发展中国家来说，吸引外资的主要作用可能体现在提升国内产业的竞争力上，而且这里的外资主要注重的是质量而不是数量，但除去基于引进先进技术、促进产业升级等技术需求原因而引进的外资外，20 世纪 90 年代以来中国吸收外资不断稳定增长的事实，只能说明中国存在巨大的资金数量扩张型外资需求偏好，其中必然还有其他原因。

由于转型时期的国家存在这样或那样的制度不足，它们不可能不影响着转型国家引资行为。20 世纪 90 年代以来，国内外一些文献开始从发展中的东道国市场经济体制存在某些缺陷的角度来探讨其外资需求偏好成因，这一研究，角度新颖，具有启发意义。文献关于东道国市场经济体制不足与外资需求之间关系的研究，主要集中在政策法律制度不足、金融体制不足、政府经济管理体制不足以及企业制度不足与外资需求偏好之间的关系等方面。

就中国而言，转型时期的制度安排是导致中国产生外资需求偏好的重要原因。具体来说，社会主义市场经济体制存在的某些不足与中国外资需求偏好之间有如下假设：①政府经济管理体制的某些不足滋生了地方政府及其官员的盲目引资行为；②国有企业制度和民营企业制度不足，导致需要引进外资推进国有和民营企业制度改革，并部分解决民营企业融资难困境，它们也在降低国内企业价值从而提高外国企业价值这一角度为外资进入中国提供了较多的商业机会；③低效率的国内金融体系致使国内储蓄无法有效转化为投资。因此，无论是政府还是企业，都需要通过引进外资保持投资的高速增长。

三、中国外资需求偏好的国际比较

中国是当今世界吸引 FDI 最多的发展中国家，也是位居世界前列的 FDI 输入国。2014 年中国更是超过美国，成为世界上第一大 FDI 输入国。之所以中国存在巨大的外资需求偏好，不只是相对于国内储蓄水平和外汇水平而言，也是相对于发达国家和发展中国家而言的。就后者来说，美国、英国是当今世界第一大和第三大 FDI 输入国；而同属发展中大国的巴西、印度具有与中国相似的某些国情，是发展中国家代表；韩国则是新兴工业化国家的代表，20 世纪 80 年代以来，外资在韩国经济发展中曾经发挥着非常重要的作用。因此，本书选择上述 5 个国家，将它们利用外资的情况与中国进行描述性比较，从而来分析中国的外资需求偏好。

（一）典型国家利用外资概况

为了更加突出中国外资需求偏好状况，如前，我们选择美国、英国、印度、巴西和韩国作为在吸引 FDI 方面同中国进行描述性统计比较的典型国家。具体来说，之所以选择这些国家，是因为个中存在令人信服的原因：①美国、英国分别是当今世界吸引 FDI 最多的两个发达国家，而前者则是世界第一大 FDI 输入国。根据联合国贸发会议网站公布的统计数据，受开始于 2008 年金融危机的影响，尽管 2015 年全球经济依然低迷，但是全球 FDI 流量依然超过了金融危机前的平均值，达到 17 621.55 亿美元，其中，流入发达经济体的 FDI 依然保持增长趋势，达到 9 624.96 亿美元，比 2014 年的 5 520.43 亿美元增长了 74.35%。当前，美国仍然是全球第一大 FDI 流入国。2011 年流入美国的 FDI 为 2 298.6 亿美元，而发展中国家中，2011 年中国以其 1 239.9 亿美元高居全球吸引 FDI 第二大国。2014 年，美国吸收 FDI 的金额为 1066.1 亿美元，虽被中国所超过，但依然为世界第二大 FDI 输入国。2015 年，美国吸收 FDI 的金额为 3 798.9 亿美元，超过中国当年的 1 356.1 亿美元，重回世界第一大 FDI 输入国位置。就英国来看，1992 年之前一直是世界上仅次于美国的第二大 FDI 输入国，1993 年被中国超过而成为当今世界第三大 FDI 输入国，也是发达国家引进 FDI 的典型代表。2014 年吸引 FDI524.5 亿美元，较 2013 年的 475.9 亿美元增长了 10.2%。尽管 2015 年吸收 FDI395.3 亿美元，较 2014 年有所下降，但引进的 FDI 仍然处于世界前列。②印度、巴西是发展中国家代表。印度、巴西不仅具有良好的国际投资背景，也是发展中国家代表，是当前经济发展最具活力的发展中国家组织"金砖国家"的成员国，代表了欣欣向荣的发展中经济体。联合国贸易与发展组织 2012 年发布的世界投资前景年度调查报告显示，在由跨国公司评选出来的最受欢迎的东道国前五位排名中，中国排名第一，以下依次为美国、印度、印尼和巴西，而上述国家在 2011 年的一次排名中分列第一、二、三、六、四位（《2012 年世界投资报告》）。由此看来，印度、巴西在全球跨国公司心目中有着良好的投资前景。不仅如此，巴西还是南美地区最大的发展中经济体，而印度则是亚洲除中国外最大的发展中经济体，其建国时间、人口规模、经济发展时间等与中国有着诸多相似之处。③韩国是新兴工业化国家的代表。20 世纪 60 年代实施出口导向战略，实现了经济起飞。20 世纪 70 年代开始实施 FDI 自由化政策改革，至 80 年代，改革全面展开，时至今日，除了极少数领域外，FDI 几乎进入韩国所有领域（Nicolas, et al. 2013）。外资在韩国经济发展中，在促进产业结构升级、经济结构转型、平衡国际收支、促进出口等方面发挥了重要作用，成为韩国经济成功跨越"中低收入陷阱"的重要助推器。因此，对于改革开放以来，实施相似发展战略且当下正需要跨越"中等收入陷阱"的中国来说，在吸引 FDI 方面，韩国是一个不错的比较对象。1980～2015 年美国、英国、韩国、印度和巴西的 FDI 见表 1-4。

表 1-4　1980～2015 年美国、英国、韩国、印度和巴西的 FDI　（单位：亿美元）

年份	美国	英国	韩国	印度	巴西
1980	169.18	101.2	0.5	0.8	19.1
1981	252.0	58.8	1.6	0.9	25.2
1982	138.1	54.1	1.2	0.7	31.2
1983	115.2	51.8	1.8	0.1	13.3
1984	255.7	-3.5	2.2	0.2	15.0

续表

年份	美国	英国	韩国	印度	巴西
1985	204.9	56.7	3.6	1.1	14.2
1986	361.5	82.8	6.8	1.2	3.2
1987	595.8	146.9	8.4	2.1	11.7
1988	585.7	205.7	12.9	0.9	28.1
1989	690.1	284.8	13.9	2.5	11.3
1990	484.2	304.6	10.5	2.4	10.0
1991	228.0	148.5	14.6	0.8	11.0
1992	192.2	154.7	10.2	2.5	20.6
1993	506.6	148.0	8.3	5.3	12.9
1994	451.0	92.5	11.4	9.7	21.5
1995	587.7	199.7	24.9	21.5	44.1
1996	844.6	244.4	27.8	25.3	107.9
1997	1 034.0	332.3	33.0	36.2	189.9
1998	1 744.3	743.2	59.9	26.3	288.6
1999	2 833.8	879.8	107.3	21.7	285.8
2000	3 140.1	1 153.0	115.1	35.9	327.8
2001	1 594.6	359.5	65.2	54.8	224.6
2002	744.6	196.8	54.8	56.3	165.9
2003	531.5	165.9	70.1	43.2	101.4
2004	1 358.3	612.2	132.9	57.8	181.5
2005	1 047.7	1 829.3	136.4	76.2	150.7
2006	2 371.4	1 473.7	91.6	203.3	188.2
2007	2 159.5	1 768.4	88.3	253.5	345.9
2008	3 063.7	921.6	111.9	471.0	450.6
2009	1 436.0	897.1	90.2	356.3	259.5
2010	1 980.5	582.0	97.7	274.2	837.5
2011	2 298.6	422.0	102.5	361.9	961.5
2012	1 884.3	554.5	95.0	242.0	761.0
2013	2 115.0	475.9	127.7	282.0	530.6
2014	1 066.1	524.5	92.7	345.8	730.9
2015	3 798.9	395.3	50.4	442.1	646.5

资料来源：联合国贸发会议网站：http://unctad.org/en/Pages/statistics.aspx

1. 美国利用 FDI 概述

美国是世界上吸引外资最多的国家。在美国经济发展中，外资一直起着非常重要的作用。根据联合国贸发会议网站的统计，1987 年全球吸引的 FDI 为 1 368.7 亿美元，而美国吸引的 FDI 则为 595.8 亿美元，竟然达到了全球总额的 43.5%；2000 年全球吸引 FDI13 588.2 亿美元，美国为 3 140.1

亿美元，占全球总额的 23.1%。近些年来，尽管美国吸收的 FDI 占全球总额的比重有所下降，如 2010～2015 年，美国吸收的 FDI 占全球总额年均比重为 13.1%，但几乎都在 10%以上。其间，除了 2014 年，美国也始终保持全球第一大 FDI 输入国位置。2014 年，美国被中国超过，成为全球第二大 FDI 输入国，其吸收的 FDI 占全球比重为 7.5%。2015 年，美国又重新回到世界最大 FDI 输入国位置。支林飞（2000）将美国吸引外资的优势归结为：第一，美国是高度发达的现代工业化国家，加上社会稳定、法制健全、基础设施完备、金融体制成熟，这些都构成了吸引外国投资的硬件环境。第二，软环境方面，美国科技力量雄厚，拥有其他国家无可比拟的科技和人才方面的优势。先进的设施、充足的资金和优厚待遇吸引着世界各地的尖端科技人才，加之本国教育水平和劳动力素质很高，使美国成为吸引外资进行产品科技开发的重要科研基地。第三，美国政府一直对吸引外资采取鼓励和开放政策。其最主要的表现就是政府对外国投资的限制很少，基本上不限定外国企业在美投资项目，只是一些对国家安全起重要作用的行业采取一定特殊限制，为数不多。

2. 英国利用 FDI 概述

根据联合国贸发会议公布的统计数据（表 1-4），1980 年以来至 1992 年，除去 1984 年，英国一直是世界上仅次于美国的第二大 FDI 引进国。1993 年被中国超过而成为世界第三大 FDI 输入国。2005 年英国吸引 FDI 总额 1 829.3 亿美元，高于美国当年的 1 047.7 亿美元，位居全球榜首。此后，虽然在 2008 年被中国超过，但至今依然是位于世界前列的 FDI 输入大国。王永鸿（2007）认为，英国对外资产生吸引力有多种因素，除了政治、经济、社会稳定以外，还有高效率的制度体系保证了商务环境的竞争力；英国拥有欧洲最先进的通信基础设施，密集、免费的高速公路、道路网络、海底隧道、机场和海港，形成了快捷、高效的英国境内以及通向欧洲的综合交通网络；对外资持股比例也没有要求，外商或外资控股公司从法律意义上讲与英资公司享有同等待遇；没有外汇管制，外国公司可以自由贷款，单个项目可有条件地申请多个援助计划；在科技创新上具有优势，以不到全球 1%的人口从事全球 5.5%的科研活动，科技创新仅次于美国；资本市场发达，融资渠道畅通，伦敦作为三大国际金融中心之一，既是全球最大外汇市场，也是世界最大国际投资基金汇聚地，规模是纽约的 2 倍，等等。

3. 印度利用 FDI 概述

印度于 1991 年实行改革开放政策，比中国稍晚，但其利用外资优惠政策措施却不断增加，外资利用规模不断扩大，经济迅速发展。据联合国贸发会议公布的数据，2006 年印度吸收 FDI 首次突破三位数大关（表 1-4），达到 203.3 亿美元，2008 年更是达到 471.0 亿美元。2012 年以来，印度吸收 FDI 出现不断增长态势，其中，2015 年吸收 FDI442.1 亿美元，较 2014 年的 345.8 亿美元增长了 27.8%。印度虽然鼓励外资进入，但倾向于注重外资质量，对 FDI 数量依赖小。近些年来，印度引进外资数量的不断增长，至少得益于如下几点：首先，良好的法律环境。近些年来，印度同中国一样，被跨国公司认为是最具有投资前景的国家。印度独立后，继承了原来宗主国英国比较完备的经济立法内容，尤其是民事立法（如知识产权法）完备发达，在保护外资的法律软环境方面优于中国。其次，注重引进外资质量而非数量，坚持外资为我所用原则。印度对引进先进技术、促进出口和国家重点发展部门的外资，在税收、贷款、股权各方面给予优惠，而对一般外资加以必要的限制。这种鼓励与限制相结合的外资政策根据形势的变化随时调整。特别重要的是，印度政府非常强调外国新工艺和新技术的引进，而且通过消化和吸收引进技术来提高本国技术总水平。最后，较高的经济增长率。2008 年以来，在全球经济形式低迷情况下，印度经济却保持着较高的增长率。2008～2015 年的 8 年间，印度经济保持着年均 6.97% 的增长率，其中，2014 年、2015 年的经济增长率分别为 7.29% 和 7.24%，位于世界前列。

4. 巴西利用 FDI 概述

巴西是南美最大的发展中经济体，也是吸引外资最多的南美国家。"二战"结束以后，巴西开始了工业化进程，1968～1973 年，国内生产总值达到了 10% 的两位数以上增长，创造了"巴西奇迹"。1975 年巴西人均国内生产总值达到 1 000 美元，步入中等收入国家行列。20 世纪 80 年代爆发的"债务危机"拖累了巴西经济，经济增长大幅回落甚至停滞，直至 20 世纪 90 年代政府实施以开放市场、大幅削减财政预算和部分允许汇率浮动等为主要内容的改革以及 21 世纪初实施以推动社会发展为核心的发展模式，巴西经济才逐步恢复高速增长，成为今天令人羡慕的"金砖国家"之一，也成为国际跨国公司认可的具有投资前景的最受欢迎的五大国之一。20 世纪 90 年代，为了摆脱"债务危机"的束缚，巴西经济推行新自由主义，与该理论相配套的经济政策是，实行出口导向战略，开放资本市场。根据联合国贸发会议网站公布的统计数据，2011 年流入发展中经济体的 FDI 为 6 701.5 亿美元，占全球总量 15 668.4 亿美元的 42.8%，其中中国、巴西和印度三国吸收的 FDI 总量占当年流入发展中经济体总量的 38.2%，中国吸收 FDI 最多，其次是巴西和印度。2015 年，中国、印度和巴西三国吸收的 FDI 总量占当年流入发展中经济体总量的 32.0%。巴西是"金砖国家"中仅次于中国的第二大 FDI 输入国。

5. 韩国利用 FDI 概述

韩国经济起飞过程中，政府主导经济发展思路以及出口导向战略的实施，是创造"汉江奇迹"的重要因素。韩国从 20 世纪 50 年代到 80 年代，吸引外资中主要以国际援助和国际借款为主，FDI 比重极小，但从 20 世纪 80 年代开始广泛而深入的 FDI 政策自由化改革，通过实施负面清单管理制度，不断放宽对外商直接投资的限制，扩大开放领域，简化审批流程。尤其是亚洲金融危机发生后，采取了更加积极的招商引资政策，积极向外开放本国行业；同时努力推进投资促进和便利措施改革，为外商投资创造良好环境。至 2006 年，韩国在全部 1 195 个行业中，禁止外资进入的行业为47 个，尚未开放的行业为 4 个，投资自由化率达到 99.7%。而到了 1998年底，韩国只有广播、电视和核能发电 3 个行业完全禁止对 FDI 开放；26 个行业（包括水稻和大米生产）对 FDI 实行股权比例限制或投资类型限制。目前，除少数行业外，FDI 几乎可以进入韩国所有行业。韩国从20 世纪 60 年代严格限制 FDI，到 2010 年成为 OECD 成员国中放松 FDI管制力度最大国家，FDI 政策自由化功不可没（Nicolas et al.，2013）。根据联合国贸发会议网站的统计数据，2008 年韩国吸收 FDI 首次突破100 亿美元大关，达到 111.9 亿美元。2010~2014 年，年均吸收 FDI103.1亿美元。只是到了 2015 年，韩国吸收的 FDI 较之前有大幅下降，仅为50.4 亿美元，但这不代表韩国吸引 FDI 的真实水准。由于有着良好的投资环境，未来韩国吸收 FDI 的数量必将重新出现增长态势。

（二）中国与典型国家利用外资的描述性统计

采用描述性统计方法，将中国与上述 5 个典型国家吸引 FDI 情况进行对比分析，结果再次验证了前文的"两缺口悖论"，即中国存在巨大的外资需求偏好。

1. 中国与典型国家吸引 FDI 实际值比较

从图 1-2 来看，1980~2015 年，除了 2005 年、2014 年之外，美国一直是全球吸引 FDI 最多的国家，这得益于美国发达的经济和良好的投资硬软件环境。就中国与英国在吸收 FDI 值的比较来看，1990~2008 年，中国与英国在吸收 FDI 方面交替领先。但从 2008 年起，中国开始超过英国，成为全球第二大 FDI 输入国，地位一直保持至今。而就中国与印度、巴西和韩国的比较而言，20 世纪 90 年代以来，中国所吸引的 FDI 值一直高于这些国家。由此看来，无论是与大部分发达国家的比较，还是同发展中国家以及新兴工业化国家的比较，中国均存在巨大的外资需求偏好。

亿美元

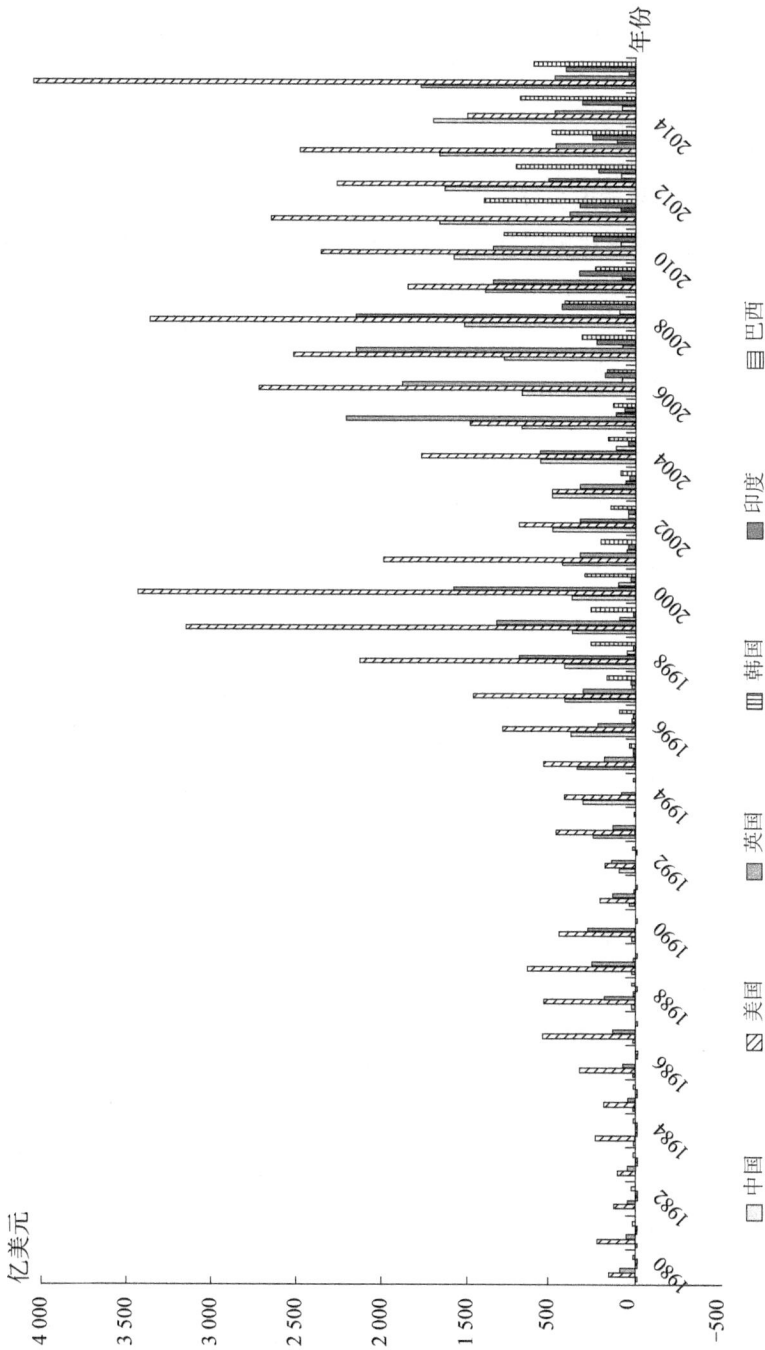

图1-2 1980~2015年中国、美国、韩国、英国、印度和巴西吸收FDI对比

□ 中国　▨ 美国　▩ 英国　▥ 韩国　▦ 印度　▤ 巴西

资料来源：联合国贸易与发展会议统计数据库

2. 中国与典型国家吸引 FDI 实际值描述性统计

从各国 1980～2015 年实际吸收的 FDI 描述性统计来看（表 1-5），中国、美国、英国、印度、巴西和韩国五国中，美国和英国的均值分别居第一、二位，其次依次是中国、巴西、印度和韩国；从极小值来看，美国、中国分处第一、二位，以下依次为巴西、印度和韩国（并列）与英国；从极大值来看，美国和英国分处前两位，以下依次为中国、巴西、印度和韩国；每个国家这期间所吸收的 FDI 的标准差与其均值之间比较接近，说明这期间，各国所吸收的 FDI 波动幅度并不大。因此，从上述描述性统计结果来看，在各国 1980～2015 年吸收 FDI 每年波动并不大的情况下，中国作为一个发展中国家一直是世界吸收 FDI 大国，尤其自 20 世纪 90 年代以来，始终稳居世界前三甲行列。因此，可以这么认为，中国存在巨大的外资需求偏好。

表 1-5　各国吸收 FDI 描述性统计（1980～2015）

国家	均值	标准差	方差	极小值	极大值
中国	409.95	395.89	156 729.13	0.57	1 239.85
美国	1 080.19	915.32	837 803.59	115.18	3 140.07
英国	467.65	527.68	278 450.49	−347.00	2 000.39
印度	78.78	126.64	16 037.12	0.06	471.39
巴西	162.56	187.90	35 306.21	3.17	666.60
韩国	40.09	40.48	1 638.62	0.06	111.95

注：表 1-5 系根据表 1-3、表 1-4 中数据运用统计软件 SPSS19.0 计算而得

四、简短结论

改革开放 30 多年以来，随着中国经济的高速发展，中国经济无论是经济总量还是经济质量都得到了极大的提高，尤其是在经济总量方面。2010 年，从名义 GDP 来看，日本当年名义 GDP 为 5.474 万亿美元，而中国则为 5.879 万亿美元，日本 2010 年名义 GDP 比中国低 7%左右。中国 2010 年全年 GDP 首次超越日本，成为全球第二大经济体。到 2012 年，中国、日本的名义 GDP 分别为 8471.43 亿美元与 5957.25 亿美元，后者只有前者的 70.3%。2013 年中国 GDP 则是日本的大约 2 倍；2014～2015 年，中国的 GDP 分别是日本的 2.19 倍和 2.73 倍[①]。与此同时，中国也是一个高储蓄

---

① 数据系根据联合国贸会议网站统计数据计算而得，http://unctadstat.unctad.org/wds/TableViewer/ tableView. aspx，2016-12-20。

率国家和世界第一大外汇储备国。因此，不管从经济总量来看，还是从储蓄率和外汇储备水平来看，20 世纪 90 年代以来中国吸引外资数量不断增加的现实，至少能说明一个问题——中国存在巨大的外资需求偏好，而典型国家的描述性比较再次验证了这一结论。

第二章
政府经济管理体制
与中国外资需求偏好

地方政府公司化、地方市场分割以及政治寻租，是中国转型时期政府经济管理体制的重要特征，也是政府经济管理体制存在的主要不足，它们滋生和助长了地方政府及其官员的引资行为。

政府与市场的关系不仅是一个政治学问题也是一个经济学问题，更是政府经济管理体制中的重要内容，同时也是社会主义市场经济体制改革的战略制高点。改革开放以来的政府经济管理体制改革，其核心就是正确处理好政府与市场的关系，规范政府的经济行为，更好地发挥市场在资源配置中决定性作用。2012年11月的中共十八大报告指出，"经济体制改革的核心问题是处理好政府和市场的关系，必须更加尊重市场规律，更好发挥市场作用。"2013年11月中共十八届三中全会通过的《中共中央关于全面深化改革若干重大问题的决定》中进一步指出，"经济体制改革是全面深化改革的重点，核心问题是处理好政府和市场的关系，使市场在资源配置中起决定性作用和更好发挥政府作用。"

中国改革开放以来，经过不断地探索和努力，政府和市场关系改革取得了显著成效。例如，基本建立了社会主义市场经济体制框架；通过简政放权，增强了企业活力，赋予了地方政府发展经济的自主权；通过强调"市场为主、政府为辅"的改革理念在更大程度上发挥了市场在资源配置过程中的基础性、决定性作用，一般商品和劳务价格的95%以上已经由市场决定；不断推进行政审批制度改革，减少政府干预。截至目前，本届政府已分 9 批取消下放 599 项国务院部门行政审批事项，占本届政府成立之初国务院部门审批事项的 39%。但是，即便如此，中国政府经济管理体制中围绕政府和市场关系改革存在的问题依然很多：一些关键要素价格，如资金价格，还不是完全由市场供求决定；金融、石油、电力、铁路、电信、能源、公用事业等垄断领域的市场化改革进展缓慢；政府不合理的限制性规章制度和审批程序还是过多过细；过度运用行政性手段干预市场主体特别是微观经济主体，一定程度上抑制了市场机制的正常运作，等等。李克强总理在 2013 年 10 月 25 日的国务院常务会议上曾指出，"近年来政府职能一定程度上存在的缺位、越位与错位，给市场经济的健康发展带来了一系列问题。"上述政府和市场关系中存在的问题，其实质是政府没能真正、很好地承担起市场经济"守夜人"角色，而更多的是既担任裁判员又充当运动员，市场配置资源作用没有得到更好发挥。

从对中国外资需求偏好的影响来看，政府经济管理体制中政府缺位、越位与错位等"三位"现象至少可以概括为地方政府的公司化、地方市场分割和政治寻租三个方面，它们折射出政府经济管理体制改革中至今依然没有完全正确处理好政府与市场关系，是导致中国产生外资需求偏好的重要原因。

一、地方政府公司化与外资需求偏好

厄尼斯特·盖尔勒认为，中国经济正处于计划经济向市场经济的转型之中，而转型社会之中往往伴随着一个强势政府。而地方政府公司化是强势政府的重要表现。

改革开放以来，中国经济发展过程中利用外资的初衷是弥补国内资金短缺，为此，政府将利用外资提高到了改革开放的高度，并制定了一系列引资优惠政策。然而各级地方政府在引进外资过程中过分追求地方利益，并试图以此提高地方政府和领导者业绩，既当裁判员又当运动员。为了引资，它们从后台管理径直走向前台参与，直接干预经济的行政色彩极其浓厚，追求行政效益甚于追求市场效益；甚至将利用外资作为一项政治任务、政绩指标加以对待，由政府直接出面招商引资。地方政府这种角色负担实际上就是地方政府公司化现象。

地方政府公司化，是美国学者研究中国问题的一个有见地的概括（张鸣，2007）。改革以来的中国现代化，是地方政府导向的现代化，在社会资源短缺的情况下，地方政府成为拉动现代化的最大动力，这是中国的现实和国情。本应在经济发展过程中做"守夜人"的政府，一跃变成了主角，政府利益跟经济活动有着直接的相关性，其行为、动机，都具有公司的特征。

在美国学者笔下，中国地方政府的公司化，是一个值得肯定的具有正面价值的特色，它是中国经济快速发展的最重要因素之一。当然，无可否认，在中国现代化的起步阶段，地方政府的公司化，使得地方政府对经济发展有了来自自身的冲动，极大地促进了现代化的启动和最初的发展，是地方经济发展的初始动力之一。但是，如果地方政府沿着这种公司化的轨道再走下去，恐怕对市场经济的进一步发展，将会弊多利少，甚至会产生致命的伤害，因为地方政府不是以"守夜人"而是以追逐地方利益的"公司"面目出现在市场经济中。

地方政府公司化，造成了一些问题，如引进外资，格外凸显其地方主义的"公司"面目，表现为各级地方政府完全不顾本地区经济发展实际，竞相出台各种外资优惠政策吸引外资，这不仅付出了极高的经济和社会成本，降低了本土企业的竞争力，还造成了盲目引资甚至催生了畸形的假外资。

改革开放以来，中央政府对地方政府的"放权让利"改革是出现地方政府公司化的一个重要因素。改革开放前的中国利益结构作为一种传统计划经济体制下的产物，表现出高度的整体性：中央政府凭借指令性计划来确定利益分配，地方政府的局部利益只能服从于中央政府的整体利益。这种建立在政府万能理论基础上的传统模式是一种以供给为导向而不是以需求为导向的低效率的制度安排，极大浪费了社会利益资源。与传统计划经济体制不同，市场经济体制下是以市场需求配置社会利益资源。地方政府作为一个相对比较独立的利益主体，成为全国利益总格局中一枚举足轻重的棋子，在促进地方利益与全社会总体利益的增长中发挥出积极的主导作用。自1980年起，中央政府不仅赋予地方以更大的财权与事权，而且地方政府还获得了诸多原属中央政府的经济管理事权，如基本建设计划审批权、物价管理权、利用外资审批权、外贸及外汇管理权等，一些原由中央部委管辖的企业也下放给地方政府管理。除此之外，中央还授予少数地方政府、经济特区、经济技术开发区、中心城市等一定的"经济特权"。中央政府通过"放权让利"，使得地方政府获得了相应范围内的自主决定权和自我利益，在此范围内，地方政府的"自利"就决定了它的行为。由于地方政府通过中央政府放权让利获得了利用外资审批权，在 GDP

业绩指标驱动下，各地方政府竞相以税收、土地与贷款等优惠措施吸收外资，而这种外资需求偏好决定于中央对地方政府的经济分权程度。

地方政府公司化下，各地方政府不仅存在"自上而下的标尺竞争"，而且还存在相互之间的竞争，利用外资是这些竞争的主要内容之一。

（一）地方政府"自上而下的标尺竞争"与外资需求偏好

有文献研究表明，中央政府对地方政府经济上的放权让利是促成地方政府产生发展经济的全部激励的重要因素，而吸引外资则是这种激励的重要表现。例如，张欢（2005）从宏观统计数据方面入手，计量实证了府际关系对 FDI 数量和分布的重要影响，他除了指出对 FDI 需求分析的重要性以外，还从理论和实证两方面证明了中国 FDI 需要分析的重点——府际关系。他认为，在府际关系方面，地方政府是决定 FDI 需求的核心因素；中国改革开放时期 FDI 的流入和地区分布特征受到地方政府对 FDI 的需求的影响，而地方政府对 FDI 的需求与自身从中央政府获得分权大小正向相关。但是，中央政府对地方政府经济上的分权让利还不足以构成地方政府发展经济的全部激励。20 世纪 90 年代末以来，一些文献更多地开始关注发展中国家分权的特殊经历，尤其是中国特殊的政治激励。中国政治体制有两个显著的特征，即以 GDP 为主的政绩考核机制和政治集权。中国的经济分权伴随着政治集权，晋升激励使得地方政府官员有非常强的（政治）动力促进地方经济快速发展。中国自治性不强的财政分权和垂直控制的行政管理体制提供了区域经济增长的动力。经济分权和政治集权对地方政府最重要的影响渠道是政府之间的标尺竞争。文献通常所说的标尺竞争对应于对下负责的政治体制，也就是说，对于地方政府行为的信息，普通民众和中央政府都处于信息弱势，但选民会参考其他地方政府的行为评价自己所在地区的政府行为，地方官员知道其选民会以其他地方为标尺，从而会效仿其他地方的相关政策来发展本地经济。这是一种自下而上的标尺竞争，同级政府之间的相互监督和学习能够提高政府部门的运作效率，节约行政管理成本，防止滥用权力。而中国政治体制的特点不同，地方政府主要不是对下负责，而是对上负责，在政治集权和政绩考核机制下，地方政府每年不仅要保证 GDP 的高增长（否则在政绩考核中被一票否决），还要根据 GDP 等指标排名，地方政府官员为了政绩有竞争 GDP 增长率的激励，从而形成了一种基于上级政府评价的"自上而下的标尺竞争"（张晏，2005）。

而在中央政府诸多的外资优惠措施下,各地方政府又有巨大的外资审批权,于是,吸引外资便成了一个非常容易实现的 GDP 业绩指标,各地方政府便想方设法甚至不惜成本来吸引外资。

(二)地方政府间的相互竞争与外资需求偏好

通过"放权让利"改革,地方政府获得了相应范围内发展地方经济的自主决定权和自主利益,在 GDP 为主的政绩考核机制和政治集权下,它们相互之间也存在激烈竞争,表现为竞相追求"进口替代战略",竞相实施"出口导向战略",竞相制定和实施吸引外资的优惠政策,竞相以开发区为载体吸引外资。

1. 竞相追求"进口替代战略"

中国地方政府都有追求"进口替代战略"的倾向,这一战略同 20 世纪 70 年代拉丁美洲国家所采取的战略相似,它对 FDI 的影响也完全一样(黄亚生,1999)。尽管世界贸易组织竭力倡导贸易自由主义,成员国的平均关税水平不断降低,各种非关税措施也在逐步减少,但是世界贸易还是被各种隐含的或明确的关税、非关税措施所限制,各国都不同程度地存在贸易保护主义。在这种情况下,到贸易对象国进行投资以规避其各种关税、非关税措施被认为是进入对方市场的一种明智选择,它能够获得比贸易更高的收益,这将诱导那些在贸易保护之下的投资类型进入市场。不仅如此,同国内股权资本相比,国外股权资本还具有充分的流动性。在经济学中,"进口替代战略"还能够创造租金,吸引那些"收取租金"的活动。租金加强了国内资本的不流动性,地方政府不仅厌恶将资本出口到其他地区,同时也不愿意进口其他地区的资本,以防它们地区所创造的租金被分配掉。于是,外国公司便成了地方政府这一偏好的受益者,因为它们拥有先进的技术、管理经验等,从而各地方政府开始了为吸收外国资本的相互竞争。

2. 竞相实施"出口导向战略"

1978 年中国实行改革开放,初期主要是以改革释放长期被约束的生产力,特别是释放农村地区的生产力,农村改革的经济效果惊人;之后,改革的重点开始转向加快城市经济发展。20 世纪 80 年代中后期,满足国内市场需求开始成为生产的主要驱动力,在此背景下,国内提出了"国际大循环"理论,欲借鉴世界上一些国家和地区经济发展的经验,特别是日本、亚洲"四小龙"发展外向型经济的发展战略,实现经济发展由"进口替代战略"向"出口导向战略"转移。"出口导向战略"的核心理念是以"四小龙""四小虎"为范例,充分发挥劳动力资源优势,大力开拓国际市场,吸引外资将生产加工基地开设到中国来,使中国成为国际经济分工体系的外围,并争取通过这一方式积累外汇,逐渐改善产业结构。

应该说,"出口导向战略"的成效十分明显,它直接体现为国际收支经常性账户与资本、金融账户的"双顺差"。1983~1993年,中国经常账户总余额为-2.14亿美元,其中1990~1992年有较大盈余。但是,1994~2013年,中国在经常账户上则连续20年出现盈余,顺差总额23 401亿美元,特别是从1997年开始,每年都出现相当大的盈余数额。这样,中国1990~1992年和1994~2013年在贸易项和整个经常账户上均有较大的盈余。同样,中国资本、金融账户也存在巨额资本流入,1983~2013年中国资本、金融账户顺差总额为16 946.86亿美元。1983年起,除个别年份外,中国国际收支账户中误差与遗漏一项基本为负,这可以基本被解释为资本以某种形式流出。但即使把所有的误差与遗漏(1983~2013年中国误差与遗漏总额为-3 689.19亿美元)[①]都算作资本流出,资本、金融账户总的说来还是顺差。这样,中国出现了前所未有的经常账户和资本、金融账户同时顺差的情况,而资本、金融账户的顺差是主要的。

资本、金融账户顺差主要来源于外资流入,而如前文所述,外资流入又得益于"出口导向战略"的实施。为了实施"出口导向战略",中央政府和地方政府制定了诸多优惠措施以吸引外资流入。例如,政府往往赋予外商投资企业以高于国有企业的政策性利益,其中最为普遍提到的优惠措施是税收优惠待遇。外商投资企业可享受免税政策,税收水平总体上低于国有企业。另外,外商投资企业在办公、生产设备的进口上还享受减免关税的好处。同其他吸收FDI的主权国家相比,中国的税收政策更加自由化,这导致了中国外资流入量的高水平。因此,从本质上来看,政府"出口导向战略"内含着大规模的引资冲动,它使中国更加偏好外资尤其是FDI。

3. 竞相制定和实施引进外资的优惠政策

在GDP业绩驱动下,各地方政府往往还通过降低税率、减少土地使用

[①] 以上数据系根据国家外汇管理局网站统计数据计算而得,http://www.safe.gov.cn/,2016-12-20。

费和提供便利条件来相互竞争吸引外资。在一定程度上，这同1987年发生在美国俄亥俄、宾夕法尼亚和安大略三州之间有关建立本田生产工厂的竞标大战相似。在美国，这次招标大战改变了地区间的FDI分布，却没有使美国全国的FDI流入量上升。然而，在中国，FDI流入量在全国层次上确实在增加，这主要归因于不同于美国的关键之处，那就是中国地方政府支配的政策资源要比美国地方州政府多得多，同时它们自己还可以提供相当多的优惠条件。比如，随着改革开放的深入，一些地方政府主要通过使政策和税收待遇降低到同国外自由开放地区相同的水平来吸引外资。在这一方面，像经济特区、沿海开放城市，同国内其他地方相比，被赋予了更大规模引进FDI项目权利。当这些地区开始引进大量FDI时，国内其他地区便开始要求得到同样的引资权，渐渐地，中央政府也就将审批权扩展到了其他地区，像中西部地区，这便造成了全国范围内对FDI的更大需求偏好。

4. 竞相以开发区为载体吸引外资

在地方政府的相互竞争中，各地开发区之间在利用外资方面的竞争又是其中的一个重要内容。1980年四大"经济特区"的建立、1984年的14个沿海开放城市以及1990年的浦东新区的设立，极大地促进了中国外向型经济发展。1992年以后，形式各样、级别不同的工业园区（有时也称高新经济开发区、自由贸易区、出口加工区以及经济技术开发区等）在全国各地雨后春笋般发展起来。截至2014年4月，经批准成立的国家级经济技术开发区就达132个[①]。与各级地方政府在引进外资上所体现出来的公司化特征关联的最大问题也是各地具有公司特征的开发区体制。开发区的一个重要公司职能就是招商引资，而招商引资则是借助于政府来实施的。由于政府直接出面招商，就需要有一个载体来承接和安排投资项目，开发区应运而生。随着开发区数量逐年增加，由此产生对外资的巨大需求偏好也就不奇怪了。而且，具有公司特征的开发区体制，比较适应外资数量扩张为主的要求，但不适应有选择地、比较自觉地吸收外资项目要求（裴长洪，2005）。

源于"分权制"改革下的地方政府公司化，使地方政府忘却了裁判员身份而直接充当市场经济中的"运动员"，它们之间不同形式的竞争完全将自己变成了市场经济中的"经济人"，而吸引外资是其实现各自利益的便捷、有效途径。

---

① 数据见商务部网站，http://www.mofcom.gov.cn/xglj/kaifaqu.shtml，2014-04-13。

二、地方市场分割与外资需求偏好

地方市场分割是中国从计划经济体制向市场经济体制转轨过程中的产物（李晓敏，2009），也是转轨时期中国政府经济管理体制的重要特征之一。在全国性的市场经济体制建立和完善过程中，地方市场分割客观地阻碍了全国统一市场经济体制的建立与完善。地方市场分割的实质是，地方政府因为地方利益偏好，在区域经济发展中一定程度地实行政企合一的经济管理体制，它是政府经济管理体制中存在不足的第二个表现。

关于政企合一的经济管理体制对外资需求偏好的影响，有些学者已有研究。但在另一个视野上，本书认为，地方市场分割在地方性的区域经济范围内造就了区域性贸易和经济制度基础或环境，例如，强势地方政府主导地方经济发展、资源配置体制扭曲、地方政府公司化行为得以强化等，它们致使本地企业缺乏竞争力、提高了外资企业的讨价还价能力和应有价值等，从而主动或被动地吸引了外资进入。

（一）地方市场分割内容及其表现形式

尽管国内外学术界对转轨时期的中国地方市场分割程度存在争论，但都肯定中国地方市场分割现象的存在，如扬格、郑毓盛、帕克、诺顿、林毅夫等都持这种观点。在学术界众多关于地方市场分割的定义中，银温泉、才婉茹的定义较好地揭示了中国地方市场分割的实质，他们将地方市场分割定义为"一国范围内各地方政府为了本地的利益，通过行政管制手段，限制外地资源进入本地市场或限制本地资源流向外地的行为"。

不同时期，中国的地方市场分割的主要内容和表现形式有所不同。20世纪80年代中期，地方市场分割主要表现为限制本地的一些特色产品，主要是基础原材料流到外地；而近十几年来，地方市场分割的手段、方式、内容和对象发生了深刻地演变。转轨时期，随着中国经济逐步由短缺过渡到相对过剩的状态，地方市场分割的内容由保护当地资源为主开始转变为以保护当地市场为主；保护手段由直接硬性的规定为主转变为间接隐形手段为主；保护范围从产品市场逐渐扩大到了要素市场（赵奇伟和鄂丽丽，2009）。

李善同等（2004）将现有的地方市场分割分成了两个方面共计8个大类。第一个方面是与贸易保护有关的市场分割行为，主要包括四类行为：一是数量控制行为，即直接控制外地产品的销售数量；二是价格控制行为，即对价格的限制和地方性补贴；三是技术壁垒，主要指工商质检等政府职能部门的歧视行为；四是无形限制行为，指阻止外地产品进入的其他非正式无形限制。第二个方面是与商业性存在有关的市场分割行为，也可细分为四类行为：一是对外来企业原材料投入方面的干预，可视为投入限制行为；二是对劳动力市场方面的干预，即劳动要素流动限制行为；三是对投融资方面的干预，即对资本要素流动限制行为；四是对技术方面的干预等，即技术要素流动限制行为。臧跃茹（2000）则将地方市场分割行为划分为对产品的保护与封锁、对企业的保护与封锁、对资本市场方面的保护以及在生产资源配置上无视国家产业政策和生产力的合理布局等四类。

综上来看，地方市场分割的内容及其表现形式虽有所差异，但其核心内容是一致的。转轨时期的中国地方市场分割的核心是，地方政府通过种种有形或无形的行政措施保护本地企业和市场，限制外地资源的流入和本地资源的流出，是政府不适当干预经济的典型表现。

（二）地方市场分割下的制度基础假设

从地方市场分割的主要内容及其表现形式来看，地方市场分割阻碍了全国统一市场经济体制的建立，在一个个相对独立的地方性区域经济中造就了有悖于全国统一社会主义市场经济体制建立的经济制度环境或经济制度基础。

1. "强势"地方政府主导经济发展

在传统的计划经济体制下，经济体系形成了垂直运行机理，地方行政区划之间基本上没有自主的经济联系，也无须关注相互之间的横向联系，因为发展中的资源配置问题主要是由与中央关系的协调来解决。改革开放以来，经济体制改革主要在中央与地方分权以及引入市场机制两个层面上展开。地方市场分割虽源于中央与地方的分权，但由于分权在很大程度上是政府内部的权力转移，而不是政府向企业、市场和社会的还权。地方市场分割下，政府职能并没有得到很好的改革，地方政府偏好局部利益，其结果是在一定程度上从大的计划经济演变为若干小的计划经济。地方政府通过种种行政干预措施，替代市场进行资源配置，成为了主导经济发展的"强势政府"或"大政府"，形成了一个个相对独立的地方市场。各地方政府为了本地利益，通过种种行政管制手段，限制外地资源进入本地市场或限制本地资源流向外地，从而达到所谓保护本地企业和市场的目的。这种目的的实质是，在各地的区域经济中，地方政府替代市场进行资源配置，它造就了一个个主导地方经济发展的"强势"地方政府。

2. 资源配置体制严重扭曲

地方市场分割下，地方政府通过种种行政干预措施，替代市场进行资源配置，政府"越位"现象严重。这不仅扭曲了价格信号在资源有效配置中的有效作用，更重要的是，地方市场分割下，各地方政府人为地在一个个地方性的区域性市场之间设置了阻碍资源流动的种种壁垒，对本区域内的市场、企业采取种种不适当的保护，并对外地资源、商品实施种种显性或隐性的封锁，客观上不仅限制了地方性区域市场和各地方性企业之间的竞争，还缩小了市场规模和市场需求质量，是地方垄断的典型表现。价格信号失真和地方垄断，尤其是后者，抑制了地方性区域市场和企业之间的竞争，其结果，不仅社会资源无法通过在区域经济内外的流动实现最优配置，而且还造成了"基于消费者剩余受损的社会成本过高问题，引起宏观性的生产以及资源配置效率的受损"（董龙云等，2008）。

3. 区际贸易环境和制度环境决定资本流入

周业安等（2004）认为，影响各地区经济增长的因素各种各样，但最重要的还是资本、区际贸易环境和制度环境三个。他认为，投资和贸易条件、制度环境是相互促进的，如果后两者没有建设好，那么资本就不会流入，甚至流出，增长也就受到遏制。从这个角度看，贸易和制度环境建设才是更为根本的东西，它们涉及的核心问题就是市场秩序。贸易环境和制度环境决定了各地的经济增长，特别是信息化程度、要素市场发育程度和市场环境质量，这说明，越是规范的市场环境就越能吸引资源，促进当地经济增长。贸易环境也好，制度环境也好，都体现为市场秩序这个大的范畴。所以，对于地方经济发展来说，市场秩序是至关重要的，只有贸易和制度环境建设好了，外部资源的流入才有吸引力。区际贸易环境和制度环境决定经济发展的事实，使得在地方市场分割状态中，若区域经济区之间的资源流动存在障碍，地方政府的利益偏好会促使各地方政府想方设法强化区内贸易和制度环境建设，以竞相吸引国外资源的流入。

（三）地方市场分割与外资需求偏好

地方市场分割造就的区域经济内的一些经济制度环境基础，从助长地方政府官员晋升激励行为、降低外资进入成本、促使地方政府官员积极争取外部资源和增加外资企业价值等方面主动或被动"吸引"了外资流入。

1. "强势"地方政府助长了官员晋升激励行为，推动了外资进入

"强势"地方政府主导的地方经济发展过程中形成的区域经济体制，辅

之前文所述的以 GDP 为主的政绩考核机制以及政治集权,地方官员出于晋升的考虑,充分地激励支持本地企业和发展本地经济。根据扬格(Young,2000)有关地方市场分割源于分权体制的理论,财政分权体制下,地方政府更有激励直接参与本地区经济活动。财政分权下的地方市场分割,"强势"地方政府主导地方经济发展,政府替代市场,使得地方政府官员有条件也有动力实施各种晋升激励行为。这个条件便是"强势地方政府",动力则就是政绩考核需要。不仅如此,地方市场分割还强化和助长了地方政府官员晋升激励行为,表现为政府干预经济的职能扩大。在这种氛围下,地方政府官员"不仅有激励做有利于本地区经济发展的事情,而且也有同样的激励去做不利于其竞争对手所在地区的事情(如阻碍外地的产品进入本地市场)";发展地方利益的偏好以及 GDP 政绩考核机制,促使地方官员在干预经济中,为了提高自己的政绩位次,同时降低其竞争对手的位次,会不择手段地进行恶性竞争;中国自 20 世纪 80 年代中期以来地区间不断上演的形形色色的引外资"大战"便是这种晋升激励行为的典型表现。自改革开放以来,中国沿海地区借助其优越的区域和经济优势,一直对吸引外资非常重视,引资竞争本身并不奇怪,但值得注意的是这种竞争的背后"推手",单单用地方政府财税激励是无法解释这种竞争所达到的恶性程度的,而必须诉诸地方市场分割下"强势"地方政府主导经济发展的经济体制所引发的地方官员对政绩的强烈追求(周黎安,2004)。

2. 资源配置体制的扭曲,降低了外资进入成本

地方市场分割下,垄断引起的资源配置体制的扭曲,降低了本地企业的竞争力,同时提高了外资企业的讨价还价能力,它们共同形成"合力",从而降低了外资进入成本。

(1)地方市场分割阻止了中国企业获得应有的更高的竞争力

地方市场分割下,各地设置的行政壁垒、技术门槛和费率控制办法等,人为地将一个大型的国内市场分解为许多小型的地方性市场,这为"本地企业的发展创造了一个温室性的环境。这种在政府羽翼保护下成长起来的企业,在经营遇到困难时,往往不是改进经营方式,投资于研发活动(R&D),致力于加快产品升级换代,而是找市长"(银温泉和才婉茹,2001)。不仅如此,地方市场分割还降低了市场规模和市场需求质量,不利于企业创造规模经济效益。"在具有高度规模经济的行业中,条块分割是成本高昂的。在其他条件都相同的情况下,一个条块分割的行业结构,与集中的行业结构相比,会导致单位产出的平均成本更高。不仅仅是生产成本是产量的递减函数,投资成本也随着逐渐增长的产出范围的增加而下降"(黄亚

生，2005）。这些共同导致区域性地方经济这块保护区内的收益水平下降。石磊、马士国（2006）曾经证明，随着实施地方保护的行政区域的数量增大，总的地方保护水平（或市场分割程度）提高了，但每一单个行政区域的地方保护水平却下降了；随着实施地方保护的行政区域数量增大，总的保护收益上升，但单个实施地方保护的行政区域的收益却下降；随着实施地方保护的费率上升，每个行政区域的地方保护水平和收益会下降，总的地方保护收益也会下降。

由此看来，地方市场分割直接降低了本土企业的竞争力。一方面，"中国企业的无竞争力——无论是何原因——使得外国企业认为它们可以在一个处于增长状态的企业上压倒国内竞争者的情况下引致 FDI"（黄亚生，2005）。另一方面，国内企业被迫在地方保护主义所限定的较小的地区市场中运营的时候，可能竞争力较弱。在其他条件都相同的情况下，国内企业的无竞争力，可能给外国企业创造了更多的商业机会。因为它们不能接管其他地区的企业，甚至在那些地区存在显著多余生产能力的情况下也无法接管，所以，国内企业就诉诸投资新工厂和新设备来建立当地的产业基础。这种做法代价高昂，而且，增加的资本需求，就转化为对 FDI 的更多需求（黄亚生，2005）。

（2）地方市场分割在降低本地企业竞争力的同时，却增加了外国企业的讨价还价能力

地方市场分割限制了行政区之间的竞争，国内企业只可以在它们各自的辖区内进行投资，在其他行政区内的投资将受到限制，而外国企业——即使是一些小型的外国企业——也可以在全国范围内选择项目，这种特征有利于外国企业。从理论上说，对于任何一个给定的可融资的项目，外国企业本质上是与其他外国企业相竞争的，而不是与作为资本供给者的国内企业竞争的，但由于国内企业的投资区域受到限制，所以，本地企业不一定有优势，很难在全国统一市场的条件下生存，而外资企业可以在全国范围内与当地企业竞争，这提高了外资企业的讨价还价能力，"吸引"了外资进入。

3. 地方政府积极争取外部资源

地方市场分割下，各地方竞相设置的行政壁垒，阻碍了生产要素在地区之间的流动，但唯独外资要素的流入却不受各地行政壁垒的限制，于是，发展地方利益的偏好，使各地方政府竞相出台各类优惠政策和措施，吸引外资进入，各地为争夺外资项目也陷入激烈竞争之中。各地引资的门槛一降再降，成本一减再减，空间一让再让。"在许多地方，如上海、江苏、浙江等地纷纷以远远低于成本价的土地价格吸引外商，税收优惠也一再突

破国家规定的外资优惠政策的底线"（车晓慧和陈钢，2003）。在这种让利竞赛的背后是各地政府级级下任务、层层压指标，招商引资被当作地方政府一把手工程，一些省市的主要媒体还定期公布下级政府和开发区招商引资的名次。更有甚者，一些地方政府还将机关干部工资与引资数量挂钩，完不成任务指标的将被取消基础工资（周黎安，2004）。

4. 区域贸易和制度环境使外国企业超过了应有价值，吸引了外资进入

地方市场分割使地方政府支配的政策资源相对较多，同时各地方政府自己还可以提供相当多的优惠条件。因此，在国内资源跨区流动受到限制的条件下，各地都将优化贸易和制度环境作为吸引外部资源的重要条件，这表现为各地竞相制定和出台各种引资优惠政策措施。在 GDP 业绩驱动下，各地方政府往往通过降低税率、减少土地使用费和提供便利条件来相互竞争吸引外资。各地种种引资的优惠政策和措施使得外国企业普遍超过了其应有的价值，比本地企业更具竞争力，外资当然愿意进入中国。所以，当经济特区、沿海开放城市开始引进大量外资时，国内其他地区便开始要求得到同样的引资权，渐渐地，中央政府也就将审批权扩展到了其他地区，像中西部地区。这便造成了全国范围内对外资的更大需求偏好。

转轨时期作为政府经济管理体制中突出表现的地方市场分割，也是引发中国外资需求偏好的重要动因之一。地方市场分割客观上造成了地方性的区域经济中的如下经济制度格局："强势"地方政府主导经济发展的经济体制，资源配置体制严重扭曲以及贸易和制度环境决定着资本流入。这一制度格局是中国外资需求偏好的重要制度基础，它通过如下途径"吸引"了外资流入：助长了地方政府官员通过引进外部资本的晋升激励行为；导致了区域内本土企业缺乏竞争力，提高了外资企业讨价还价能力，使外资企业能够在一个相对于本土企业较高竞争力的层次上进入东道国；强化了地方政府的公司化行为，促使地方政府经济争取外部资源；鼓励了地方政府积极开展贸易和制度环境建设，提高了外资企业的价值。由此看来，地方市场分割下的外资多数时候的流入完全是一种"被流入"，它普遍造成了中国引资中重数量而轻质量的局面，因为在此制度格局下，外资无须比内资有更强的竞争力，所需要的只要是外资就可以了。

三、政治寻租与外资需求偏好

魏涛（2006）认为，"行政现代化的一个重要特征就是实现了统治行

政向服务行政的转化。当代政府的治理变革表现出一种破除权力拜物教的趋势，实现由过去的重管制、轻服务，以政府为中心，到开始注重公共服务，以满足公众的需求为中心的转变……治理理论认为，以往人们只注重用政府的力量来改善市场的作用，却忽视了相反的做法，用市场的力量来改善政府的作用。政府应是以市场为前提的功能补偿性行政或助动式行政，政府是对市场功能缺陷的替补，是市场调节和社会自治的剩余物。"20 世纪 80 年代源于西方的公共治理理论虽然带有浓重的意识形态色彩，但是该理论在政府与市场的关系中强调弱化政府的行政功能、强化政府的服务功能的理念，对于完善中国政府经济管理体制却有着借鉴作用。从治理角度看，中国政府经济管理体制中存在一个重要的现象即"掠夺之手"——政治寻租，它也是导致中国产生外资需求偏好的重要原因。

（一）转型时期政府经济管理体制中的"掠夺之手"——政治寻租

国家是一个经济体，也有自身利益，并会在一定条件下使用强制力来实现自身利益。当国家这样做时，它就成为"掠夺之手"，产生种种掠夺行为。从理论上来讲，很有意思的是，国家作为掠夺者的思想通过以布坎南、塔洛克和尼斯卡宁的公共选择学派以及斯蒂格勒、佩尔兹曼和贝克尔的文章在经济学中广为人知。安德烈·施莱弗、道格拉斯·诺思及奥尔森等对作为"掠夺之手"的国家理论作了更为深入的分析。例如，奥尔森认为，在人类社会，总有人认为，与其生产财富，不如掠夺财富，因为后者更容易。而要掠夺财富，就要有武力。靠武力掠夺获得财富的人有两种：固定匪帮（坐寇）和流动匪帮（流寇）。在奥尔森有关国家起源理论中，国家由固定匪帮（坐寇）转化而来。"对一个地盘形式持续控制的固定匪帮，则尽力确保普通人有能够从事生产活动的动力，以及相互有利的贸易活动。普通人创造的收益越多，那么他们能够攫取的好处就越多。一个稳定的定居的匪帮，总是攫取普通人产出的一小部分作为稳定的税源，保持普通人进行生产活动的动力"，"匪帮首领如果强大到可以稳定地占有一块领地并控制那里的偷窃行为的话，那么他在其他领地上就有共容利益。……拥有足够能力控制其领地的匪帮首领有强烈的动机成为一个头戴王冠、能够安居乐业的供应公共物品的专制者"，这个专制者"可能通过武力威胁或使用武力而不是自愿交换来实现自己的利益"（Olson，2000）。也就是说，统治者当前和短期利益的需要经常会驱使他们过度掠夺。施莱弗和维什尼也认为，政治家们的目标并不是社会福利的最大化，而是追求自己的利益。许多管理行为（甚至无所谓理性或非理性）的实施目的其实是增加政治家自己的财富、权力，政治家的政治目标在大多数时候与社会福利最大化的目标并不一致，有时甚至是冲突的。当政治家们利用权力来追求个人利益的时候，阻碍经济增长的税收、掠夺性的管制、腐败、短缺等现象就会出现。"所以，腐败和短缺是识别掠夺之手的重要指标。

但一些国家，在其转型时期，市场化改革采取的是以政府主导型为特征的制度创新模式，即中央和各级地方政府是经济利益调整或制度供给的主体，各级政府对经济和社会资源全面垄断，它进一步强化了政府主导型改革中各级政府及其官员尤其是地方政府及官员的优势地位，官员利益集团追逐政绩进而追逐权力与财富的倾向，促使他们有可能利用公共权力以所谓谋取"公共利益"的合法化形式为自己牟取私利，产生转型社会政府经济管理体制中另一种形式的"掠夺之手"。

就中国来说，市场化改革采取的也是以政府主导型为特征的制度创新模式，不仅地方政府全面垄断经济和社会资源，而且主导经济发展。更重要的是，如前文所述，中国政治体制存在两个显著的特征——GDP 为主的政绩考核机制和政治集权。这些体制特征强化了地方政府及其官员主导型改革中的优势地位，一些地方政府及其官员有增加自己政绩尤其是经济政绩的强烈倾向，他们会利用手中的公共权力以所谓谋取"公共利益"——发展地方经济的合法化形式为自己捞取政绩，从而达到升官发财的目的。这种掠夺行为在地方政府全面垄断经济、社会资源而且主导经济发展的过程中，主要表现为一些地方政府及其官员积极主动向上一级政府包括中央政府游说并索要发展地方经济的各种优惠政策或措施，从而形成地方政府及其官员的"政治寻租"，它是中国转型社会中的另一种形式的"掠夺之手"。

因此，我们定义"政治寻租"是政府经济管理体制中，一些地方政府及其官员，利用手中掌握的公共权力，以所谓发展地方经济的"合法化"形式，积极游说并向上一级政府包括中央政府索要发展地方经济的各种优惠政策或措施，以获取"超额利润"——政绩。它属于张向达（2002）所说的"政府无意创租、政府被动创租和政府主动创租"三种政府寻租行为中的政府主动创租行为。

（二）"政治寻租"的基本特征

"政治寻租"属于政府主动创租行为，这里，它不同于其他政府寻租活动，自身有着如下三个基本特征。

1. 以获取"超额利润"——政绩为目的

地方政府主导经济发展以及官僚政治体制、GDP 政绩驱动机制是支撑这个转型社会里各种"政治寻租"行为的三大柱石。在地方政府全面垄断经济、社会资源而且主导经济发展的格局下，地方政府及其官员有着发展地方经济的强烈愿望，并且，权力相对集中的政治体制和完全控制的政府经济管理体制，为一些官员凭借公共权力以所谓谋取"公共利益"——发展地方经济的形式增加自己的政绩提供了巨大的制度空间，从此，政绩尤其是经济政绩与升官发财紧密联系在一起，成为通向个人成功的一条捷径。这就是说，"政治寻租"下，一些地方政府及其官员始终把经济作为达到政治目的之手段，这种政绩倾向始终是"政治寻租"的目的之所在，它是通向升官发财之路的便捷桥梁。

2. 与产权失灵互为因果关系

按照阿尔钦的分析，产权是一种竞争约束规则，给定一组产权约束规则，决定竞争的胜利者和失败者的标准就会出现。当"掠夺之手"改变这些规则时，这些标准就随之改变，非产权规则往往会在一些领域替代产权规则，产生种种寻租活动。

中国地方政府主导经济发展的格局中，地方政府在经济发展中有着强大的力量。按照奥尔森的分析，当分联盟的力量很强的时候，产权的作用就会受到限制或产权失灵，即政府无法有效定义和维护产权，这时，寻租就是一种理性选择。中国地方政府及其官员发展地方经济的强烈冲动以及主导地方经济发展的格局，会使其产生种种非市场经济行为（不论是理性还是非理性的），如政府过分干预经济活动，从而破坏市场经济的基本游戏规则，导致市场经济的一些约束规则失灵（产权失灵），产生各种寻租行为，腐败、垄断等政府现象也将随之出现。

我们认为，"政治寻租"也是市场经济的一些约束规则失灵（产权失灵）的结果之一。因为，一些地方政府及其官员自身利益的驱动，会促使其违背市场经济的约束规则，过分干预和介入经济发展，以获取政绩尤其是经济政绩，从而达到升官发财的目的。具体来说，他们为了一己私利，过度干预经济活动，不仅以公共政策牟取私利，更重要的是，还会通过各种途径积极游说并向上一级政府包括中央政府索要种种优惠政策或措施，以经济为实现其政治目的的桥梁，"政治寻租"现象由此出现。因此，"政治寻租"实质上是一些政治家违背市场经济约束规则，凭借公众授予自己的公共权力为自己谋取"超额利润"的捷径，于是，一些公共政策和上一级政府给予的优惠政策或措施便成了满足特定的人和特定的集团私利需求的"推进器"。更有甚者，"政治寻租"中，一些地方政府及其官员基于自身利益需要，不惜以扭曲和损害公共利益为代价，损害政府的合法性和权威性，这会进一步破坏社会约束规则，使之无法起作用。

所以，我们认为，中国转型社会中，"政治寻租"既是市场经济的一些约束规则失灵（产权失灵）的结果；同时，它反过来也破坏了社会已有的约束规则，进一步导致产权失灵，"政治寻租"与产权失灵互为因果关系。

3. 注重眼前利益、不顾长远利益

区域经济社会发展应是长远的，但地方政府官员任期往往只有短短几年。在地方政府主导经济发展以及官僚政治、GDP 政绩驱动机制下，如何在有限的时间、有限的资源条件下取得经济政绩，是地方政府官员"政治寻租"中面临的主要压力，这直接关系到一些地方政府官员前途，如升官、发财等。因此，受"政治寻租"目的的驱动，从一定程度上说，所有的地方政府和官员的行为都是短视的。在他们看来，只有在本届政府任期内能完成的项目，才是上一级政府包括中央政府关注的政绩，因此，他们"政治寻租"的动力尤其强大。本森（Benson，1984）认为，政治家们利用政府权力追逐个人利益时，将损害社会福利，所以，政治家们的目标并不是社会福利的最大化，其目标多数时候与社会福利最大化的目标并不一致，有时甚至是冲突的。因此，为了能够在短时间增加出政绩，从而达到"政治寻租"的目的，每届政府都有很强的表现欲望，这往往会导致地方政府及其官员高度关注的是近期收益而非区域经济发展的长远利益，地方利益与局部整体利益、国家利益出现冲突。所以，在"政治寻租"目的驱使下，地方政府尤其偏好发展一些短、平、快、立竿见影、对经济增长表现积极的项目。这种只注重眼前利益的行为，最终将阻碍一国经济的发展，诺思（North，1994）就发现，"在第三世界国家，电话系统的失灵，零配件的难以获得，无休止的生产中断，为取得许可而长时间地排队等候，以及产品差异性等，都是缺乏有效率的制度性结构的最有力证据"，"但无论怎样，将某些国家（如美国、英国、法国、德国以及日本）的制度框架与第三世界国家或发达的工业国家历史上的制度框架做个比对，将能使我们清楚地看到：制度框架对于那些相对成功（无论是作国别比较，还是作历史

阶段上的比较）来说，是一个至关重要的因素"。诺思（North，1994）还认为，"第三世界国家之所以贫穷，是因为由制度约束界定的对政治或经济活动的一系列回报并不鼓励生产性活动"。也就说，如果统治者通过提供有效率的制度规则，则可能将降低交易费用，社会产出可以达到最大，社会经济将繁荣起来；如果统治者运用暴力方面的比较优势制定和实施一套能够使其租金最大化的制度，那么该国的经济会出现停滞。这里的"政治寻租"就极有可能带来后面一种结果。

（三）"政治寻租"与外资需求偏好

1. 引进外资能实现"政治寻租"的目的

引进外资能够实现一些地方政府及其官员"政治寻租"的目的——增加政绩。外资政策属于各地方政府的共有产权，在地方政府主导经济发展以及官僚政治体制、GDP 政绩驱动机制这样一种制度安排结构中，外资政策不仅不能减少竞争，反而会使地方政府竞争加剧，竞争的主要目的之一是发展地方经济；对一些地方政府及其官员来说，竞争的另一目的则是假借发展地方经济增加其政绩。由于共有产权不可避免地会产生外部性，即从共有资源中获得的收益大于他为此付出的成本，这样，一些地方政府及其官员为获得发展经济所需的更多的稀缺资源以谋取自己的私利，将为争夺外资而展开更加激烈的竞争，从而地方政府及其官员的"政治寻租"现象会有增无减，最终导致大量外资进入。进一步地，一些地方政府及其官员不仅自己制定种种不符合"国民待遇"的外资优惠政策，而且还向上一级政府包括中央政府游说并索要引资的种种优惠政策或措施，外资便成了一些地方政府及其官员实现其"超额利润"的捷径。对于地方政府官员个人来说，不惜一切引进外资是风险最小而收益最大的增加政绩手段，这是中国 20 世纪 90 年代中期之后外资快速增长的一个重要背景。当所有的地方政府都洞悉了这个秘密，并且同时将其作为发展经济的不二法则的时候，竞争走向白热化。

2. 引进外资是"政治寻租"中最重要、最见效的目标

"政治寻租"下，由于地方政府有"短期内最大显示经济政绩"的动力，而且各种经济政策及优惠措施的"外溢效应"——增加政绩，会引导地方政府忽视行为的外部不经济结果，因此，一些地方政府在很多情况下会出现机会主义的短视行为。这种短视行为有两个基本特点：第一，在多重目标中，选择一个最重要的、最容易衡量的目标去完成。霍姆斯特罗姆认为，

面对多重任务委托，或者面对多维度工作，代理人往往会强烈关注那个最容易被观察、最容易显示绩效的工作，而忽视其他工作或者工作的维度。第二，选择最便捷、最简单、最见效的经济发展方式。虽然这样做可能带来很大的外部性，并对长期经济发展造成恶劣后果。其实，政府的这种心理具有普遍性，并非只有中国地方政府存在。朱拉夫斯卡娅也认为，东欧国家的转型之所以遇到很大挫折，与政府的"掠夺行为"有相当密切的关系。在这两个基本特征下，引进外资虽然消耗了宝贵的土地资源，流失了部分税收，有的污染了环境，占据了一定的国内市场甚至有些外资威胁了国家经济主权，但总体看来，外资却能够在短期内增加投资、提升就业水平、扩大出口、增加外汇收入和改善产业结构，继而直接拉动地方经济发展，从而显著增加地方政府及其官员的政绩，外资总体利大于弊，因此，地方政府及其官员大都乐此不疲，甚至有些地方政府还将引进外资与干部的任用、提拔和考核联系起来。

3. 引进外资能够改变因"政治寻租"而被扭曲了的政企关系

市场经济有众多的产权约束规则或市场经济规律，如价值规律、供求规律、竞争规律等。因为企业是市场经济的基本细胞，而市场经济尽管是一种自发的社会秩序，但也离不开政府的辅助性作用，所以，我们认为，合理的政企业关系是市场经济的首要约束规则，如果这一规则处理失当，诸如价值规律、供求规律等将无任何立足基础。

市场经济条件下，企业与政府应当是平等的公共服务关系，政府为企业提供的是一种平等的公平的公共服务，而绝非去破坏市场运行规则，这也是成熟的社会主义市场经济规律的内在要求。但中国转型时期的"政治寻租"现象却破坏了政企之间平等的公共服务关系，政府干预企业的非市场经济行为甚多，经常以主观意志替代市场经济约束规则（产权规则）。这在政企关系上，会导致政府和企业互不信任现象。李稻葵和梅松（2007）认为，在经济发展过程中，一个基本的体制障碍就是政府的承诺问题以及企业的承诺问题。政府的承诺问题由来已久，在政治学中讨论很多，而制度经济学派代表也对此有着深入的探讨。政府承诺问题的核心在于政府有意愿发展经济，并为此作出很多承诺，但是一旦企业完成了投资，经济发展起来，政府就会不自觉地违背自己的承诺。由于政府缺少对自己承诺的约束，所以事先企业的进入必然是不充分的。这就是政府不能够绑住自己的手使得自己不去掠夺企业的原因。而企业也同样存在承诺问题。作为一个企业，如果没有现代企业制度的约束，它就很难承诺去完成自己的社会义务，很难对产品、对消费者、对政府兑现自己事先作出的承诺，比如在环保、纳税、不产生工伤事故等问题上的承诺。缺乏规范的企业往往事先承诺，事后不兑现。这就造成了企业对政府、对社会的危害。由于政府和企业都存在承诺问题，他们由此认为，在一个发展中国家，尤其是中国，存在双重道德风险。即政府不相信本地企业，担心企业不尽自己的社会责任；企业也不相信政府，担心当自己经营得较好时，政府会出现过多干预甚至是掠夺的倾向。这种双重道德风险的存在，导致即便是很多有利可图的行业也缺乏本地企业进入的低水平均衡。这种均衡在短期内有存在的合理性，但对一国经济的发展而言是极不利的。这种双重道德风险在中国经济中比比皆是，如中国政府与国有企业之间存在的双重道德风险。一方面政府不相信国有企业，担心国有企业事先乱投资，投资过猛，事后让政府去收拾残局，这也就是所谓的国有企业软约束问题。另一方面，国有企业也不相信政府，害怕政府在事后将自身的一些政策目标强加于企业，比如解决就业、承担社会责任等。同样地，政府与民营企业之间也存在严重的双重道德风险。政府不相信民营企业，害怕企业不尽社会责任，造成工伤事故而逃之夭夭，或者不按会计规章制度办事，隐瞒利润逃避税收。同时，民营企业对政府也不信任，害怕自己经营成功之后政府会乱收费、乱收税、乱摊派，甚至旁加一些与企业无关的经济负担。这样的情况就使外资进入成为可能。

鉴于以上政企关系的存在，当一些国有企业在重组时或民营企业选择外源性融资时，都倾向于引进外资，以试图减少政府对企业的过分干预甚至掠夺。因为，一旦地方政府及其官员对这些含有外资股权的国有或民营企业采取了过多的干预甚至掠夺行为，"外资可以选择离开中国。同时还能利用其在全球的影响力，在国际社会、国际商业界反映、抱怨中国政府的这些行为，从而给中国政府的声誉带来负面影响"（李稻葵和梅松，2007），这将对政府干预甚至掠夺行为产生极大的约束，从而促使政府和企业之间建立平等的公共服务关系。也就是说，通过引进外资能降低政企关系上的双重道德风险。外资企业正是通过这种事后约束机制，在很大程度上解决了政府的道德风险。当然，政府也能对外资企业的道德风险产生约束。因为，外资企业多半在国际上有长期运作的经验，进入中国后，如果在税收问题、环保问题、劳动保护问题、社会责任问题上出现任何的偏差，那么政府可以将这种偏差进行适当曝光，从而对这些企业的国际运营产生负面影响。因此，这些企业在中国的运行是比较规范的，它们不会为了短期的利益去违背长期建立起来的商业原则和企业信誉。所以相对于国有企业和民营企业而言，外资企业更愿意遵守中国政府的法律法规。在进入之前，外资企业会与当地政府进行各种谈判，而一旦进入，它们便会按照事先谈好的条款进行运营，尽量避免产生负面的影响。正是由于外资企业和中国政府之间能够相互有效地约束对方的道德风险，这就产生了一个新的高水平均衡。在这一均衡下，外资企业更愿意进入中国，同时中国政府也欢迎外资企业的进入。这种相互锁定、相互制约的机制，相比政府与国有企业以及政府与民营企业之间的机制更有优势。这就是我们所说的FDI 的进入是一种机制创新，它大大降低了原有体制内自然产生的双重道德风险。

中国转型社会政府经济管理体制中"政治寻租"现象的存在，其根源是缺乏法治，也就是中国法律制度存在缺陷。法治，在制度上起始于法律对最高国家权力的限制。诺思（North，1990）认为，第三世界国家（笔者注：发展中国家）之所以落后，其根源在于缺乏进入法治化社会的机会，也就是缺乏对国家的法制约束。转型时期的各国恰恰是法治不成熟时期，所以，追求个人利益的驱动会导致一些地方政府及其官员出现"政治寻租"这样的掠夺之手。从制度经济学的角度来看，法治化社会的建立是一国正式制度完善的重要表现。科斯（1992）认为，如果我们从零交易费用的世界中走向正交易费用的世界，在这个新世界中法律体系的至关重要的性质立刻清晰可见。诺思更是强调国家通过制定法律来降低交易费用，抑制机会主义和违约行为的重要性。诺思（North，1981）认为，"国家作为第三方，通过发展一套非个人的法律实施可以降低交易费用"，进一步，诺思（North，1990）认为，"交换的第三种形式是由第三方实施的非人际关系化交换。……第三方实施远非理想、完美……但其他方法……也都不可能完全奏效。……这只是因为，投机、欺诈，以及规避责任等的回报在复杂社会中也同步增长了。正因为这样，具有强制力的第三方才是不可或缺的。""相比之下，由政治组织作为第三方，调用强制力量来实施合约，则在监管与实施合约方面存在着巨大的规模经济效应。"换言之，国家作为第三方当事人，能通过建立非人际化的立法和执法机构等强制力量降低交易费用，减少投机、欺诈等机会主义和违约行为，实现规模经济效应。在一国制度体系中，法律制度（或法治国家）起着重要的作用。国家作为第三方实施机制的有效性和权威性主要源于其法律制度及其法律的威慑作用。所以，如果法律没有权威或在一个非法治的环境里，那么各种机会主义行为和违约行为会大大地增加，社会各种约束规则将被改变，"掠夺之手"将盛行。

因此，政府的全部活动应该先确定并有公开规则的制约——这些规则能使人们明确地预见到特定情况下当局如何行使强制力，以便根据这些认知规划自己的行为，这样，政府的掠夺行为将会减少。我们认为，在"政治寻租"存在条件下，必须加强法律制度建设，以建立立法政府，强化政府的服务功能；弱化中央和地方政府为制度供给主体的功能；改革权力过分集中的现象，并改变官员的政绩考核办法。这些法律制度建设将有助于减少转型社会中的"政治寻租"现象，从而减少盲目引资行为，使引资行为回归理性轨道，提高中国引资质量。

第三章
国有企业制度与外资需求偏好

国有企业的外资需求偏好是中国外资需求偏好的重要组成部分。根据张捷（2003）的研究，2000 年，中国国有经济的资金来源中，利用外资所占的比重为 19.48%，仅次于国内信贷和债券融资。问题是，总体而言，国有企业较国内其他性质的企业在国内融资、行业垄断等方面居于明显的优势地位，如此情况，国有企业为何也偏好引进外资？从制度不足角度看，黄亚生（2005）将国有企业的外资需求偏好归结于国有企业的低效率、缺乏竞争力，而低效率、缺乏竞争力的原因则在于国有企业的"软预算约束"和"错误的目标定位"；李稻葵和梅松（2007）则将国有企业的外资需求偏好归结于"双重道德风险"。我们认为，产权不清、资产专用性以及剩余损失等国有企业制度不足是其产生外资需求偏好的重要原因。

一、一个制度分析框架

在中国，1978 年开始的国有企业改革，使国有企业制度在向现代企业制度迈进过程中取得了重要成就，但产权不清、资产专用性强、剩余损失等国有企业制度不足现象依然存在，这使得一些国有企业效率低下，它们的竞争力低于、弱于一些民营企业、外资企业，导致这些国内企业所代表的公有资产无法获得来自市场增长的好处。因此，国有企业这种"整体性制度安排有可能不是帕累托相互兼容的，或者说，一种也许比另一种帕累托效率低"（青木昌彦，2000）。

由于国有企业的所有权属于国家（国家是全体人民的代表），政府理所当然地成为国有企业制度创新和制度互补的推进者，但在此过程中，国有企业改制却存在两个方面的障碍：一是民营企业国内的所有权歧视，使得一些国有企业无法进行民营化改革。相当长的一段时期内，出于认识上的偏差，国内存在对民营企业所有权的歧视，导致民营企业在注册审批、行业进入、融资和法律保护等方面所受到的排挤与限制远远大于国有和集体企业。尽管从 1997 年起，国家鼓励和支持民营、私营经济发展，但过去对它们的种种歧视难以在短期内消除。民营企业遭受的所有权歧视，使得一段时间内，一些国有企业改革无法走民营化之路。二是对国有企业"私有化"改制后果的认识误区。在认识和理念上歧视民营企业等非公有制经济，必然导致对国有企业非公有化改制结果的担忧。目前，国内仍有一些人认为，转让国有企业的部分产权尤其是向民营资本转让部分产权，就必然会影响国有经济的主导作用，动摇公有制的主体地位，也必然会导致私有化。这实际上是认识上的一些误区。一段时间内，上述认识和理念误区妨碍了国有企业吸引非国有经济实现产权多元化的改制，政府在推动国有企业的改制过程中，曾经有效地排除了民营资本的进入，这就给外资企业的进入提供了极大的机会（图 3-1）。

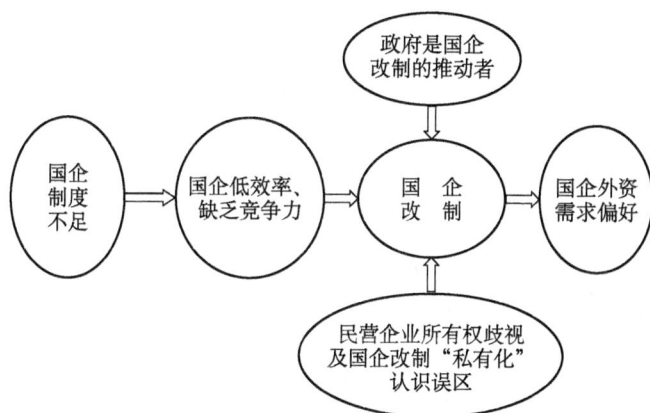

图 3-1　国有企业外资需求偏好的制度分析框架

　　总体而言，中国国有企业存在产权不清、资产专用性以及剩余损失等制度不足，它们也是引起国有企业低效率的重要原因。引进外资不仅有助于提高国有企业效率，而且能够改善企业治理结构，因而国有企业有外资需求偏好。

二、国有企业产权不清与外资需求偏好

企业产权的主要功能在于降低交易费用。经济效率与企业竞争力的决定与交易费用密切相关,帕累托不可避免地要考虑信息成本。米香(Mishan,1971)认为,由于一个拥有某种所有权的人在放弃他的所有权时愿意接受的最小数额大于他在尚不拥有这种所有权时为获得这种所有权而愿意支付的最大数额,因此,产权的最初界定状况对于资源配置的效率是有影响的。产权的法定状况不同,导致资源配置效率也就不同。生产效率因把资源分配给私人所有者、取消(或减少)对契约自由的限制和把政府的作用仅限于监督游戏等而得到提高。因此,明确界定产权是减少交易成本的前提,它是人们进行一切交易活动的基础,能为人们提供更大的选择空间。在经济运行过程中,只有在产权明确、受到保护、具有合法性和权威性时,才能保证主体行为的内在动力。反之,如果产权没有界定清楚,利益关系模糊,其产出不能归自己所有(收益的外部化),则必然导致失去生产经营的积极性,带来的就必然是消极、懒惰、不思进取、缺乏活力,交换的规模就不会扩大,从而使得经济运行效率下降。因此,产权不确定使任何一方试图对企业的有效利用都会受到其他方的阻挠,资源就无法得到有效的配置和利用,从而阻碍产权交易的实现,由此造成的效率损失被称为"无形的交易成本"。

计划经济的根本性缺陷之一是缺乏有效的激励机制,而产权是市场激励机制的核心,它决定着谁承受风险,谁从交易中获得收益或损失。几乎所有的从计划到市场转轨的国家都先后进行了产权改革。中国国有企业改革始于1978年,先后经历了放权让利、承包责任制、股份制改造、国有经济战略性调整以及实行混合所有制等阶段[1],取得了一定成效。国有股权大量退出,多数实现了股权多元化和民营化,但国有企业产权不清、职责不分的状况依然没有得到根本改变。具体表现为:股权多元化和民营化改制过程中,国有改制企业最大的股东依然是国家,国家股的所有者名义上仍然是全体人民,国家股"一股独大"下,实质上仍是所有者缺位,并且在中央和地方之间、政府各部门之间,国有企业的产权关系也十分混乱。

---

[1] 2013年11月12日中共十八届三中全会通过的《中共中央关于全面深化改革若干重大问题的决定》中指出,"国有资本、集体资本、非公有资本等交叉持股、相互融合的混合所有制经济,是基本经济制度的重要实现形式,有利于国有资本放大功能、保值增值、提高竞争力,有利于各种所有制资本取长补短、相互促进、共同发展。允许更多国有经济和其他所有制经济发展成为混合所有制经济"。

1. 产权不清导致一些国有企业竞争力薄弱，使之成为外资青睐的收购对象

从企业内部看，国有企业的产权不清，这导致代理人的机会主义行为和劣胜优败的逆选择后果，也就是说，国有企业的经理人存在严重的逆向选择和道德风险。在多层级委托代理关系中，实际上国有企业的运作很难反映国有资产的最终所有者——全体国民的意志，而企业的经营者可以通过信息的不完备和不对称分布而成为企业财产的实际控制者和支配人。这种情况下，国家财产成了公共物品，人人都想搭便车，无人关心企业效益。杰斐逊（Jefferson，1998）基于对中国国有企业模糊的所有权结构的考察，也认为，国有企业的资产具有一定程度的非排他性和非竞争性，具有非纯粹的公共物品性质，这将导致企业经理、政府官员和其他利益相关者"过度地消费"国有资产，形成严重的企业亏损。而从企业外部角度看，由于政府是出资人，生产经营最终还得受到行政指令的支配，无法适应市场变化。由此看来，内外两个方面问题，使得面对市场时，一些国有企业竞争能力不足，处于全面无竞争力和无效率状态。譬如，1998～2008年，中国国有企业及国有控股工业企业中，亏损企业占全部国有企业及国有控股企业数的平均比例约为37%，即有近40%的国有企业及国有控股工业企业处于亏损状态。[①]但中国并不缺少企业家的才华和倾向，毕竟，许多华裔企业家在国外做得极其好，而且是中国境内的外国投资者的主导力量；但是，企业家精神并不等同于企业竞争力，企业家精神必须得到资金支持，必须能够进入市场，得到投资机会。幸运的是，中国国有企业在中国经济体制中的特殊地位，使它们能够较非国有企业优先从国有金融机构中得到慷慨、廉价的融资支持，因而有了很大的有价值的资产基础。但是，因为产权不清、利润动力不足，企业家精神没有转化为企业竞争力，在资产负债表上，一些国有企业积累了大量的金融损失和许多明示、暗示的短期债务，导致它们不能创造价值，产生的利润很低或者为负。于是，"一个重要的资产价值基础与较差的盈利能力的结合，说明了国有企业是潜在的收购目标"（黄亚生，2005）。对于这些经营不善的国有企业，出于对其他非公有制性质企业的不信任，在国有企业并购的竞标中，政府曾经有效地排除了中国私人企业的参与，而只允许外资企业之间相互竞争，并且，外资企业参与

---

① 数据系根据《2009年中国统计年鉴》计算而得。对于国有企业效率问题，学术界存在争论。刘元春（2001）将学术界的争论总结为三种派别：一是"国有企业非效率论"，二是"国有企业效率论"，三是"国有企业效率悖论"。我们认为，尽管存在争论，但在微观层次上，一些国有企业低效率是客观存在的；而对于有效率的国有企业，并不能因此而否定国有企业的某些制度不足。

通常被认为是引进了外资,于是国有企业便成了跨国公司完美的收购对象。

2. 引进外资有助于降低国有企业因产权不清而产生的代理成本

市场和企业都是协调经济的一种组织形式,都是一种资源配置机制,而有时市场的价格交易机制的交易成本会很高,这时,如果企业内部组织交易比通过市场进行相同的交易成本低,企业就会出现并代替市场;反之,市场就会替代企业。在交易费用存在的情况下,"合法权利的初始界定会对经济制度的运行效率产生影响"(Coase,1960)。也就是说,产权界定是降低交易费用、减少制度摩擦的基础。但中国国有企业所有者缺位现象的存在,使得国有企业的内部组织交易、资源配置的交易费用也很高,而且存在败德行为。在所有者与经营者的委托代理关系中,由于委托代理链条过长,每层委托代理关系中一般都包括信息费用、谈判费用、执行费用、代理人的佣金、偏差代价等代理费用,由此带来的交易费用要远远大于私有型产权结构的企业;所有者对经营者的监督链条过长,监督费用太高,等等。除此之外,国有企业的初始委托人作为高度分散的全体人民,缺乏实施直接监督和控制的行为能力,而作为主管国有企业的上级单位或行政部门等,却并不能享受到对经理人员偷懒或追求超额报酬实施监督所得的收益,所以也就缺乏动力去实施频繁的监督行为,这导致国有企业经理的败德风险更加严重。由此看来,国有企业存在较高的监督与担保成本,并且存在比私人企业和混合企业高的代理成本。因此,国有企业产权改革如果抑制于企业本身,拒绝同外部市场进行能量交换,上述代理成本依然很高。所以,国有企业产权改革必须借助于外部市场,即通过与外部市场进行交易,吸收外部产权进入国有企业,进一步实现产权多元化,完善企业治理结构,从而降低企业内部交易代理成本,提高企业效率。

三、国有企业资产专用性与外资需求偏好

威廉姆森(Williamson,1985)发现,交易与交易维度(包括交易发生的频率、交易的不确定性程度与种类以及资产专用性条件)之间存在密切关系。他认为,影响交易成本的因素有三类:资产专用性、不确定性与频率,其中最重要的是资产专用性。所谓资产专用性,是指将一项资产可调配用于其他用途的程度,或由他人使用而不损失生产价值的程度。这与沉淀成本有关。他进一步认为,资产的专用性可分为以下六类:场址专用性、物质资产专用性、在边干边学过程中人力资产专用性、专项资产、品牌资本与临时专用性。

"专用性物质资产……一旦从初始生产性活动中退出，其资产再生产的机会成本很小，甚至没有，从而会产生沉淀成本"（汤吉军和郭砚莉，2012）。汤吉军（2004）认为，由于国有企业往往是资本密集型的，所以在转为他用方面极为困难，因为沉淀成本极为突出。对于国有企业来说，影响其沉淀成本因素有以下几个。

第一，国有企业有形资产投资的物质特征。这些投资专用于给定的场址、企业或者产业，不能被用于其他企业或产业。当投资是场址专用性时，其物质特征使其难以安装、移动或者重新寻找位置；当投资是企业或产业专用性时，其物质特征难以再转移到其他企业或产业。在许多情况下，甚至较小的产品或劳务的调整很可能需要显著的调整成本。

第二，国有企业无形资产投资的沉淀成本。如国有企业生产技术专用于特定用途，无法转移。这些无形资产还包括国有企业文化与精神、商标和品牌效应等，它们一旦退出国有企业，都将变得毫无价值。

第三，资本投资过程中，会计折旧、技术进步也会使投资成本贬值，产生无形沉淀成本。

第四，显性或隐性契约以及社会保障等都会产生沉淀成本。

对具有高强度资产专用性，但纳入企业体制后明显规模不经济的交易，适合采取政府体制。如果采取市场体制，买者被卖者要挟而遭受损害的可能性总是存在的。在这种情况下，由政府直接经营或管制处于垄断地位的卖方企业就有了经济上的合理性。政府从社会利益出发，与买者签订价格合理、保障供应的契约，在保持规模经济收益的同时，使买者免受机会主义行为的损害。国有企业由于存在沉淀成本，造成了企业如果将资产转移他用，将产生极大的交易费用。在这类交易中，由于国有企业资产挪作他用比较困难，所以，交易中的买者始终处于有利地位，它可能会采取某种要挟性的机会主义行为，如强行压低价格，使国有资产蒙受重大的经济损失；不仅如此，在这类交易中，相对价格的费用，讨价还价的费用，商谈、签订和实施契约的费用也将非常高。费方域（1998）认为，由于资产的专用性，缔约各方预期到从专用性资产投入的一瞬间起，自己就面临被对方敲竹杠的风险，这时机会主义就有了作祟的机会，在作出专用性投资后，各方都不愿意作出在最佳情况下是最合意选择的专用关系投资，交易收益的分配也将取决于双方事后的讨价还价能力，即事后各方在再谈判中都会向他方提出苛刻的条件。这些都表明，资产专用性意味着存在较高的交易费用。不仅如此，对大多数交易来说，随着资产专用性的加强，经由市场体制获得的规模经济收益也会出现递减。因此，汤吉军（2004）认为，由于国有企业存在沉淀成本，造成了企业如果将资产转移他用，将产生极大的交易费用，于是，国有企业改革面临如下两难困境：不改革亏损局面，则需要政府大量扶持和补贴；改革却又出现更大的交易费用。基于曾经对民营企业的所有权歧视和国有企业改制的"私有化"认识误区，通过吸引外资，完善国有企业治理结构，不仅能减弱国有企业资产专用性[①]，削减政府对国有企业的扶持和补贴，更能通过治理结构的完善降低机会主义行为和交易费用，这些有助于提高国有企业效率。白重恩等（2006）的实证研究表明，国有企业改制后非国有股份的作用在当年就显现出来，使得改制后企业经济效益显著提高，并且主要来自代理成本的降低，表现为管理费用率的下降。

四、国有企业剩余损失与外资需求偏好

詹森和麦克林以企业家拥有企业全额资本的情况为参照系，讨论了企业还存在其他筹资方式时代理成本（它是交易费用的一种具体形式）的性质。他们观察到，当企业家自己的资本在企业资本中的比例下降时，企业家将更有积极性非生产性地使用企业资源，因为由此产生的收益全部归自己而成本按所占企业资本的比例分摊；企业家的进取、奉献和创造精神将大不如前，因为由此产生的成本全由自己负担而收益只按所占资本的比例分享。因此，企业家在追求自己的货币与非货币收益的总和最大化的过程中，所采取的行动将与企业资本的其他所有者的要求不一致。这样，当企业家不完全拥有企业资本从而产生代理关系时，不仅会产生剩余损失，即企业此时的市场价值与企业家拥有全额资本时企业的市场价值的差；企业资本的其他所有者还会适度地监督企业家的行动，并为此耗费监督费用；企业资本的其他所有者为了在企业家采取危及其利益的行动后有所补偿，往往要求企业家预先拿出一定数量的保证金。上述三个方面合称为代理成本。

对于中国的国有企业而言，国有资产属于全体人民所有，但由全体人民来直接经营是不可能的，再者，即使可能，在经济上也是没有效率的，因为一致同意式决策成本太高。于是人民便通过层层委托，以一定契约的方式，将国有资产经营权交由各个经营者行使，目的在于通过其活动来实现国有资产最大限度地增值保值。理论上，经营者作为代理人理应为委托

[①] 资产投资专用于给定场所、企业和产业，而不能用于其他相应方面；企业无形资产投资产生的沉淀成本，如国有企业文化与精神、商标和品牌效应，也无法转移他用。这些是国有企业资产专用性的重要表现，相比较而言，外资企业较少存在诸如此类的资产专用性现象。

人即全体人民的利益最大化忠实履行自己职责，正当地行使委托人授予的权利。但他很难做到这一点。因为他既是一个具有自身利益追求的经济主体，又是一个公共利益的代表，这种双重身份集于一身的情形使他很容易模糊两种角色之间界限，为了个人利益最大化而侵犯人民利益，导致机会主义行为发生，产生剩余损失。

导致国有企业出现剩余损失的原因很多，产权不清引起的低效率以及较高代理成本是其重要原因。除此以外，国有企业的预算软约束、在职消费以及激励和约束机制不足等现象也是其产生剩余损失的原因，而且在国有企业承担多任务情况下，强调业绩导向的激励机制也并不契合政府效用最大化。

以经营者持股制这一激励机制为例，为了鼓励代理人积极维护委托人利益，一些国有企业在改革中实行了经营者持股制。但这一激励机制的实施情况却不尽如人意，主要表现为高级管理人员持股比例偏低，不能产生有效的激励作用。"中国上市公司高级管理人员平均持股 19 620 股，占公司总股本比例为 0.014%。这同《财富》杂志 1980 年公布的 371 家大公司董事会成员平均 10.6%的持股比例相比，实在是太低了"（魏刚等，2000）。在多任务条件下，经理在其他非财务目标方面的努力并不能通过财务业绩得到体现，当业绩并不充分反映经理努力时，激励强度应该要降低。相反，适应于国有企业的多任务特征，其他的一些替代性的激励手段，如政治晋升、在职消费等将应运而生。因此，在国有企业内生性地存在多重目标情况下，片面强调基于财务业绩的高能激励往往并不合适。所以，较低持股比例的激励措施，不仅根本无法把高级管理人员利益与股东利益紧密地结合在一起，而且这种财务激励经常并不合适政府效用最大化。因此，在一个资本不属于或很少属于经营者的代理关系中，企业家的进取、奉献和创造精神远不及所有权和经营权合一的企业，导致部分国有企业亏损不断，剩余损失依然较大。

当国家鼓励部分国有资本逐步退出一些领域，并且存在对民营企业的所有权歧视以及国有企业改制的"私有化"认识误区时，在政府巨大的外资优惠措施激励下，这些国有企业的改革往往会转而去寻求外资的进入，以提高国有企业效率，减少剩余损失。巴克莱和霍尔德内茨（Barclay and Holderness，1991）、贝特尔、莱布斯卡德和奥普勒（Bethel，Liebeskind and Opler，1998）通过对美国企业的实证研究，证实了通过资本市场以控制权协议转让部分股权的方式对于提高资源配置效率的积极影响。而从公布的年报来看，本书选择的含有外资股权的样本企业自吸纳外资股权以来，大多数企业在多数年份均存在盈利现象。

转轨时期，国有企业改制从宏观层面上看，已经取得了重大成就，但在产权改革、资产专用性和剩余损失等微观层面仍存在较大问题，它们导致了一些国有企业的低效率。在所有权歧视和"私有化"的认识误区条件下，旨在提升国有企业效率和竞争力的国有企业改制过程中，政府曾有效地排除了民营（私营）资本的进入，提倡和鼓励外资进入；而一个处于破产边缘或低竞争力的国有企业也是外资完美的收购对象，所以，外资不必比内资先进而只要它是外资就可以了。因此，我们的结论是，从提高国有企业效率和国有企业利用外资质量的角度看，关键是继续着力推进国有企业体制改革，通过继续大力吸引国内民间资本实现国有企业的战略性重组，进一步实现国有企业股权分散化，以提高企业效率，降低代理成本，减弱其资产专用性，进而提高企业利用外资的质量。

第四章
民营企业制度与外资需求偏好

　　民营企业的外资需求偏好也是中国外资需求偏好的重要组成部分。中国的民营企业家有才干，有能力，民营经济在中国经济发展中发挥了十分积极的作用。尽管民营经济的发展环境越来越宽松，但相对于国有企业，融资难的问题始终困扰着民营经济的发展。因此，引进外资，能够解决民营企业的发展问题，但这只是问题的一方面。问题的另一方面是，民营经济虽然在体制和机制上较国有企业更接近现代企业制度，但转轨时期，中国的民营企业也存在着这样或那样的制度缺陷或不足，这些也造就了民营企业的外资需求偏好。

　　中国的民营企业主要以家族制形式存在，并且规模普遍较小，而其中融资难是制约中国民营企业发展从而导致其规模较小的主要瓶颈。梅耶斯的新优序融资理论认为，企业偏好内源融资，如果需要外源融资，则偏好债权融资，股权融资是企业的最后选择。根据昂（Ang，1991）的观点，新优序资融资理论比较适用于中小企业，是研究中小企业融资问题的主要理论框架。对中国的民营企业而言，新优序融资理论中的后两种融资形式，在国内相对难实现，其原因是基于转轨时期以下两个制度环境，也正是这两个制度环境导致转轨时期当民营企业制度的某些缺陷阻碍了企业发展时，中国民营企业同时也产生了外资需求偏好。

　　影响民营企业发展的外部因素，在相当长的一段时期内，出于认识上的偏差，国内存在对民营企业所有权的歧视，表现为民营企业在注册审批、行业进入、融资和法律保护等方面所受到的排挤和限制远远大于国有企业和集体企业。尽管从 1997 年起，国家鼓励和支持民营、私营经济发展，但过去对它们种种歧视难以在短期内消除。因此，与公有制企业相比，民营企业较难从国内获得资金资源。

中国多数商业银行为国家控股，国有（控股）银行仍是中国商业银行的主体，多数股份制商业银行也是由国家、地方政府和国有企业控股，城市商业银行更是由地方政府直接或间接控制的。因此，从根本上说，中国的银行体制仍是政府主导的。在此情况下，银行经营管理层多数由官员出任，任期较短，流动性大，不可避免地出现短期行为；加之国有银行上市后，面临较大的利润压力，在经营层追求短期利益的情况下，银行必然"偏好"国有、集体企业和那些短期风险小、收益高的项目，而不是高风险性的民营企业。国内信贷体制的扭曲，使商业银行对民营企业信心不足。

中国的民营企业主要以家族制形式存在，在企业制度上存在着家族制企业的融资规模有限、信息不对称以及公司治理结构不完善等问题。在民营企业的国内所有权歧视以及扭曲的国内信贷体制等制度环境存在的条件下，民营企业产生了外资需求偏好。

一、家族制企业融资规模有限性与外资需求偏好

中国现有的民营企业很大一部分是以家族制企业形式存在的，而且中国"大多民营企业的核心是中小企业"。根据上海财经大学 500 强企业研究中心数据库数据显示，2012 年中国企业 500 强榜单中民营企业有 193 家，虽比 2011 年增加了 9 家，但总的比例仍只占 1/3 左右，所以，总的来看，大多中国民营企业规模尤其是资金财力规模偏小。

一方面，吴芃等（2012）认为，根据资本结构破产观，中小企业自身并不具备充足的资源和雄厚的财力及多元化经营能力，因而中小企业的破产可能性相对于大型企业而言比较大，破产成本比较高。家族制企业首先具有内源性融资倾向。斯托瑞（Storey，1994）和罗马诺等（Romano et al.，2000）认为，由于具有强烈的控制权偏好和风险规避倾向，家族企业，特别是中小家族企业更加依赖内部资金。也就是说，由于顾虑引入外部资金会失去企业的独立性和实际控制权，家族制企业一般具有内源性融资偏好。普特瑞斯通过实证分析也发现，通常家族制企业家不会考虑以牺牲独立性、控制权为代价引入风险资本。相比之下，内源性融资使家族制企业不存在失去企业独立性和实际控制权的风险，因此，家族企业基本靠自有资金经营。奇滕登等（Chittenden et al.，1996）也指出，由于家族制企业家并不试

图使企业资本结构最优化，而且表现出明显的内源融资倾向，以使外部干涉最小化。以上原因，再加上家族伦理中"人情至上"的文化资源正好可以满足家族企业的内源融资偏好，企业主凭借"家族权威"的优势，利用血缘、亲缘、地缘网络把分散于各个家庭和民间的家族资金调动起来，其敛财功能得以充分发挥。但是，就民营企业来说，家族内部成员的资金规模毕竟有限，不能完全满足企业迅速发展的需要，融资问题已成为制约其发展的瓶颈。所以，当市场竞争的各种条件要求家族企业突破自身的界限，需要以家族资本去有效融合社会的财务资本，需要与非家族成员共享企业资产所有权、剩余索取权和经营控制权时，或者甚至需要完全放弃家族控制时，家族企业主不能与世隔绝，依然在家族财务资本和人力资本的封闭圈子内运作，依然用家族的规则来管理企业，那么这时的家族企业组织就是不合理的，其管理也必然是低效的。不仅如此，由于家族制企业的内源性融资形式单一（主要为家族现金融资）、资金规模有限等诸多不利因素，家族制企业的各种战略性经营决策将受到一定程度的不利影响，甚至使企业易暴露在单一现金流波动风险下。所有这些因素将严重制约家族制企业战略决策的实施，阻碍家族制企业进一步发展。因而，从长远发展来看，为了克服家族制企业资金规模有限的缺陷，在确保企业独立性和实际控制权下，家族制企业当然愿意获得外源性融资。家族制企业的战略决策通常是由企业内占据控股地位的家族成员制定和实施。占统治地位的家族成员非常熟知对不同经营战略下产出产生影响的各因素，诸如竞争条件、内外部经营环境等；而且一个理性的企业通常是风险厌恶型的，因此会追求分散风险，许多家族制企业单一的投资组合与单一的融资形式，使其易受特定市场风险影响。按照优序融资理论，家族制企业的融资序列中处于第二、第三融资序列的是债权融资与股权融资，但转轨时期的发展中国家，如中国，家族制企业与公有制企业相比较难从国内获得债权与股权融资，也较难从国内获得其他形式的外源性融资。然而，发展中国家，尤其是在中国，深受各级政府普遍欢迎和鼓励的多样性国际投资，能够突破国内扭曲的信贷体制以及所有权歧视的羁绊，不仅能解决家族制企业内源性融资形式单一性、资金规模有限性问题，而且能减少单一现金流波动风险；更重要的是，民营企业由于规模相对偏小，以往的经营眼光主要是在国内，但随着经济全球化的发展，民营企业经营战略出现多样化趋势，尤其是其国际经营战略的多样化使得以家族制为主要特征的民营企业愿意吸引外资，因此，从这点来说，在不改变控制权的条件下，转轨时期的发展中国家家族制企业尤其是中国的家族制企业易于吸收外资。李永其等对台湾家族制企业的实证研究验证了这一结论。

另一方面，民营企业融资规模有限性也决定了其抵御经营风险的能力较弱，致使其破产倒闭的可能性大。所以，在中国这样一个创业市场和民营金融并不发达以及国有商业银行一般偏好国有企业的金融抑制背景下，无论在直接融资市场还是在间接融资市场，民营企业都存在着相当高的融资成本，即便能够获得资金，在间接融资市场上也存在着信贷配给现象，因此，如果不影响家族制企业的控制权，民营企业当然偏好外资。当然，民营企业吸引的外资也许来自外国提供的资产融资，成本也比较高，但由于资产融资来自国外，因而在中国国内享有较高的经济和法律地位。因此，民营企业还是比较欢迎此类外资的。

二、信息不对称与外资需求偏好

信息不透明和信息不对称是中小企业融资难的基本原因。在斯蒂格利茨和威斯（Stiglitz and Weiss，1981）的理论中，借款人的信息和信用状况是影响银行贷款选择的主要因素，商业银行与民营企业融资障碍，在很大程度上取决于二者之间的信息不对称以及由此而引起的逆向选择和道德风险。

中国的民营企业大多属于中小企业，它们与金融机构之间存在诸多信息不对称状况。对金融机构而言，民营企业是拥有信息的一方，在借贷之前需要向银行充分提供自身信息才能获得贷款，但由于其经营还不太规范，财务信息的真实性和透明度差，致使其信息披露机制不充分。民营企业要想得到贷款就倾向于向银行披露有利于获得贷款的信息，这样就使得银行不能从众多民营企业中选择出经营状况良好的企业，容易产生逆向选择；在借贷之后，同样由于信息披露原因，银行不能保证企业能够按照银行意愿一直维持良好经营，从而产生道德风险，这样民营企业与银行之间就存在一种简单的静态博弈。

民营企业信息透明度差，加之以国有（控股）银行为主导的信贷体制以及民营企业的所有权歧视，加剧了民营企业国内融资难困境。而与外资企业合资、合作除了能够提高民营企业技术和经营管理能力外，还能有效地改善其经营管理体制，从而提高民营企业信息披露透明度，并且外资进入所引发的竞争还能提高民营企业竞争力，这些都有利于突破民营企业资金瓶颈。具体来说，引进外资后，外资必然要求民营企业按照国际通行准则，改善其经营管理，建立规范的信息披露制度，这将提高民营企业的信息披露水平，降低其与金融机构之间的信息不对称状况；同时，外资进入，也能通过在产品市场上形成的外资与民营企业之间的竞争、引进外资的民营企业与没有引进外资的民营企业之间的竞争，提升民营企业（包括引进外资的民营企业）的实力，降低其经营风险，使得民营企业能够成为银行的"香饽饽"；再者，外资的进入，还能够使民营企业以合资的身份从国内享受到融资、行业准入等更好的待遇，有利于民营企业在政府"为外资企业所规定的法律框架内，得到更好的保护"（黄亚生，2005）。也就是说，引进外资对民营企业来说是"一箭三雕"之事，既提高了企业信息披露水平，也提升了企业竞争力，同时也使它们能够从国内得到与外资企业一样的国民待遇，这三个方面反过来又有利于民营企业从国内获得资金来源。瓜丽格利亚和庞塞特（Guariglia and Poncet，2008）运用 1989～2003年中国 30 个省份面板数据的经验分析表明，FDI 不仅降低了银行部门因民营企业低效率而产生的成本，而且能提供资金给那些由银行部门扭曲而造成借贷能力不足的公司。冼国明和崔喜君（2010）的研究也表明，FDI 通过产品市场非但没有对民营企业产生挤出效应，反而缓解了民营企业融资约束，这可能由于民营企业原本处于市场竞争的不公平地位，随着外资大量进入中国市场，市场竞争日益激烈和竞争机制日趋完善，从而使得比国有企业效率更高的民营企业得到更快的发展，企业规模和收益快速提升，从而间接缓解了融资约束。

三、公司治理结构不完善与外资需求偏好

中国民营企业公司治理结构中存在的不足主要体现为董事会规模以及所有权和经营权关系两个主要方面。

（一）董事会规模与外资需求偏好

尽管学术界关于董事会规模与公司绩效之间关联的经验检验结果不是很一致，但是大多认可一定的董事会规模有利于获取外部资源、应对国际化经营及其面临的不确定性、减少机会主义倾向。例如，普罗文（Provan，1980）认为，董事会的规模与公司获取外部关键资源（包括来自外部环境

的预算数额、外部基金等）能力密切相关。伯恩鲍姆认为，外部环境的不确定性（信息的缺乏和易变性）会导致董事会规模的增加。桑德斯和卡彭特（Sanders and Carpenter，1998）也认为，如果企业国际化程度对其面临经营风险有重要影响，那么，公司治理与企业战略决策之间必然存在某种联系。许多文献研究表明，在企业经济管理中，环境驱动、公司治理以及商业战略决策这三要素之间内含两种联系：第一，企业国际化程度和其面临的竞争多样性增加了企业核心团队中专家掌握的信息和经营者决策的不确定性，因此，当企业所有者或股东无法评估经营者决策及其后果时，将导致代理成本问题；第二，企业国际化进程增加了信息处理的复杂性，并且会影响经营者处理信息的方法。菲利陶柴夫等（Filatotchev et al.，2001）的研究表明，诸如董事会特征等公司治理要素对经营者的市场战略决策能力包括引进外资的决策能力有重要影响。

从代理成本角度看，如果经营者和所有者或股东之间在企业国际化过程中产生信息不对称现象，所有者或股东将采取某种治理机制削减代理成本，其中一个可能措施是实行非执行董事制度。Lien 等（2005）认为，在台湾，家族制企业的存在多与企业国际多样化经营战略包括吸引 FDI 有关，但由于信息不对称以及国际化经营战略可能带来的风险使家族制企业经营者与所有者之间产生了潜在的代理成本，因此，规模较大的家族制企业中，董事会和监事会的规模及其紧密程度不仅有利于减少管理者机会主义倾向，而且对吸引 FDI 有积极影响。

在公司战略研究领域，理论界也存在这样一个相似共识，即公司治理要素在公司决策过程中起着重要的战略性作用。当公司面临新兴经济体或发展中经济体这样一个高度不确定的经营环境时，公司战略研究特别强调董事会的服务和支持功能。事实上，董事会的服务和支持功能通常是与董事会的规模以及由执行董事和监事数量决定的董事会多样性相联系的，此外，董事会规模还影响着监管质量，这些都将有助于抵消不断增长的信息不对称成本。所以，大董事会中执行董事规模对公司吸引外资的决策有积极影响；同时，监事会成员数量也对吸引外资有积极影响。

当前中国民营上市企业董事会规模中，5～12 人中都有选择，但选择 9 人的居多，"这是个理想规模"（Lipton，1992），而选择 5 人的最少，因而，中国一些民营企业董事会规模还不是理想规模。所以，当前中国绝大部分民营上市公司，虽说一些企业董事会规模存在瑕疵，但已接近理想规模，根据前文关于规模较大的董事会有利于吸引外资理论，这些企业有外资需求偏好。

（二）"两权模糊"与外资需求偏好

中国民营企业存在"两权模糊"状况。如，在许跃辉（2007）看来，中国民营企业"两权模糊"主要表现为如下方面：①产权形式上的"明晰"，事实上的"含糊"。"明晰"是指创业成员或者家族成员与外部成员之间的产权明晰。"含糊"是指产权在家庭或家族之间有界定，但在家庭或家族内部、自然人之间并无严格界定；部分民营企业内部成员之间的产权并不明晰，企业内部并没有划分大小股东之间的权责界限。②所有权与经营权没有真正意义上的分离。不仅有限责任公司如此，即使是股份有限公司甚至上市公司仍然如此。③委托代理关系的约束机制不健全。基于股东和经营者之间可能出现的信息不对称，公司会与高级经理人员签订正式的聘用合同，但在实践中，该委托代理合同约束机制很不健全，这使得经理人员追求短期经济利益忽视长期利益、追求个人利益忽视企业利益的行为在民营企业中都或多或少地存在。

"制度资源具有稀缺性、有限性和时间性，制度创新者不可能从一项制度安排中开发出无限收益，一旦现有制度优势资源消耗殆尽，制度衰退就不可避免"（金太军和汪波，2007）。可以说，任何制度优势都只能是一定时空条件下的比较制度优势，若将一种制度模式在一定时空条件下的比较优势理解为恒定优势，就极易导致制度僵化与制度惰性。20世纪80年代以来，民营企业作为中国这块土地上的一股新生力量，因为产权相对明晰、创新和风险意识强、市场嗅觉灵敏等制度优势，取得了迅速发展，但其始终不能做大做强，其治理结构中的"两权模糊"是主要原因之一，因为它导致了民营企业内部较高的交易费用和委托代理成本。理论和实践表明，当现有制度成为一个国家或地区经济发展的瓶颈时，制度创新和制度互补是推动经济发展的现实选择。我们认为，中国民营企业产权一般是明晰的，特别是在家族与其他自然人、法人之间，所谓"两权模糊"，主要存在于家族内部、自然人之间，所以，总的说来，中国一些民营企业内核优秀，但由于内部治理结构尚不规范而未能充分发挥。从改善"两权模糊"的治理结构来说，民营企业也渴望吸收国内投资者，实现产权多元化，但对于国内具有公有制性质的投资者来说，由于政府"自己对私人企业的严重歧视"（黄亚生，2005），这种歧视主要是"法律和行政歧视"（黄亚生，2005），即事实上的所有权歧视，使得民营企业选择与其合作时，往往会陷入被认为是私有化的认识误区。所以，不得已而为之，一个次佳的方法便是：民营企业将转向深受各级政府普遍欢迎与鼓励的外资（当然，内核优秀的民营企业也是外资所追求的目标）。因为，从治理结构来说，民营企业通过引进外国投资者股东，实现产权多元化、市场化，不仅能够减少大股东一股独大现象，外资作为投资方也会敦促企业规范公司治理结构。更重要的是，将产权向外资开放，还可一定程度上解决民营企业的委托代理关系约束机制不健全问题。因为，基于长期发展的战略目标，外资方会按照国际通行规则对企业管理者实施有效监督，通过一定的激励和约束机制使得管理者按照股东利益行事，从而减少了管理者利用委托代理关系实施败德行为的可能性；而且外资方作为企业的所有权者之一，出于自身利益需要，必须在内部制度上与企业其他家族股东达成利益上的相互制约与平衡，这将较大程度地保障民营企业的利益与代理人的利益相一致。也就是说，通过引进外资产权能够强化民营企业原有治理结构的有效性，"这种存在于制度化机制之间的互补关系可以称之为制度互补"（青木昌彦，2000），因为制度互补是存在的，如果不引进外资，那么，民营企业这种"整体性制度安排有可能不是帕累托相互兼容的，或者说，一种也许比另一种帕累托效率低"（青木昌彦，2000），因此，民营企业的外资需求偏好，其部分原因是基于企业内部治理结构诱发性制度变迁的需要。

尽管从 1997 年起，国家鼓励和支持民营、私营经济发展，但过去对它们种种歧视难以在短期内消除，这使得民营企业同国有企业相比，无法享有事实上的平等竞争机会，这主要体现在民营企业融资难及行业进入限制上。民营企业有扩张自己生产能力的商业才干和能力，但他们苦于因缺乏资金和行业限制而无法实现这一目标。当外资在 20 世纪 90 年代进入中国的速度急剧增加时，因为所有权歧视与扭曲的国内信贷体制，民营企业发现，外国企业不仅能够为自己的发展提供资本从而解决家族制企业资金规模有限性问题，而且通过引进外资还能解决企业信息不对称问题，改善企业"两权模糊"的治理结构，所以，民营企业引进外资虽不是最优但也是一种次优选择。这种次优选择又恰恰是各级政府所鼓励的，于是，民营企业家族制资金规模有限性、信息不对称以及"两权模糊"等制度上的某些缺陷就为外资的最终进入提供了有效路径，这就解释了为什么外资会进入一些中国领先了数个世纪的传统行业。传统的手工业、家具制造、服装和劳动力密集型的轻工产品，也是民营企业家的据点，它们是中国引资的重点领域，因为中国民营（私人）企业家可以通过将自己企业资产部分控制权给予外国人的办法来解决家族制企业资金规模有限性问题，改变"两权模糊"状况和完善信息披露制度，尽管这种资本获得方法的代价较高。

　　目前，中国民营企业正处于自我更替与超越的关键时期，必须在改革开放的实践中不断地改革自身。从充分利用好国内资金资源、提高利用外资质量来说，民营企业当务之急就是要建立一个更有利于企业发展的企业制度，通过对制度、机制的强调去冲淡原有的制度缺陷，如实现产权多元化、建立科层制管理制度、通过市场选择经营者等，只有这样，方能充分利用好国内资金资源，减少对外资的数量依赖，提高中国利用外资的质量。

第五章
金融体制与外资需求偏好

许多文献都提及了发展中国家金融体系低效率与其存在外资需求偏好之间的关系。如，理查多·豪斯曼和爱德瓦尔多·费尔南德斯阿里亚斯认为，FDI 比重的上升暗示了国内资本市场运作失效、金融系统不完善以及投资风险高，本国商人将自己的公司出售给国外投资者，说明该国的市场和金融系统限制了这些公司的发展。古兰沙·皮埃尔·奥利佛和蕾伊的研究认为，对于发达的工业化国家而言，外部资本流入在维持了经常项目逆差的同时，又以 FDI 的方式输出，"帮助"金融体系效率低的国家实现储蓄向投资的转化。黄亚生（2005）认为，中国的金融系统是根据企业的政治性主从次序而不是根据企业的经济性主从次序来分配分配资源的。在金融体系的顶部是无效率的国有企业，在其底部则是最有效率的私人企业。也就是说，中国的金融体系在配置金融资源上具有非有效性，这一"制度性扭曲引致了 FDI 流入"。

就中国而言，金融体系的低效率主要是由金融体制变迁过程中的路径依赖特征导致的，它们是中国金融体制不足的突出表现，而正是这些制度性路径依赖特征引发了中国外资需求偏好。

对于路径依赖，在诺思看来，制度变迁过程中，政治、文化、传统、信仰体系等众多因素的存在，会使制度变迁具有明显的路径依赖特征。因此，我们认为，作为中国经济转型的重要组成部分的金融体制变迁，不只是文化、传统与信仰体系等因素的影响，更是由于政府效用因素的存在，使得中国金融体制变迁中的制度性路径依赖特征尤其明显，而更重要的是，正是这些路径依赖造就了一些中国外资需求偏好的制度供给机制。

一、路径依赖及其影响因素

众所周知，1975 年大卫·保罗最早提出了路径依赖思想。随后，谢林又提出了与此相关的"互动性行为"问题。20 世纪 80 年代以后，大卫·保罗和阿瑟开始用路径依赖方法研究技术变迁问题。诺思（North，1990）是第一个以路径依赖方法进行制度研究的学者。一般认为，制度的路径依赖是指具有正反馈机制的体系，一旦在外部偶然事件的影响下被系统所采纳，便会沿着一定的路径发展演进，而且很难为其他潜在的甚至更优的体系所替代，也就是说，人们在过去作出的选择决定了他们现在可能的选择。在诺思看来，一国经济一旦走上魔影——轨道，在制度的自我增强机制作用下，它的既定方向会在以后的发展过程中得到强化，所以，过去的选择决定了现在可能的选择。也就是说，人们一旦选择了某个制度，就好比走上了一条不归之路，惯性的力量会使这一制度不断自我强化，让你轻易走不出去，这便是制度依赖，它具有不可逆性。

一般地，当下的制度现状、政治、文化传统、信仰及国家行为等约束因素的存在，会使制度变迁中出现制度依赖特征。在诺思（North，1994）看来，影响制度变迁过程中的路径依赖因素有：①政治过程影响制度选择。因为在这一过程中，包含了大量的讨价还价、度量和强制的交易成本，其结果往往是非效率的，制度选择和路径依赖是不同利益集团的政见的反映。②制度变迁是一个适应性学习的过程。制度反映了当事人的信念，或者至少反映了制定规则的当事人的信念。③制度的非效率是历史的常态而非例外。制度变迁是一个非常态过程。由于制度的报酬递增，制度变迁过程的政治效应可能被锁入某一制度轨道。

二、金融体制变迁中的政府目标函数

中国金融体制变迁不仅受政治、文化、传统、信仰与国家行为等因素的影响，更受政治与国家行为中的政府效用因素的影响。新制度经济学认为，国家也是"经济人"，有追求福利和效用最大化的动机。而国家追求自身效用最大化有两个途径，即"国家通过界定一套有效率的产权制度，降低交易费用，达到社会产出最大化的目标，从而使国家的税收最大化；国家通过在要素和产品市场上界定所有权结构，确立一套歧视性的规则获取垄断租金，以保证统治者收入最大化。前者被称为国家契约论，后者被称为国家掠夺论"（武艳杰，2009）。中国金融体制变迁中的政府也要追求福利和效用最大化目标，换句话说，政府效用是金融制度的函数，金融制度的变化将对政府的某些行为目标产生重大影响。具体来说，中国金融制度变迁中，政府有追求界定产权、获取租金和提高效率等福利或效用最大化动机，有鉴于此，我们认为，中国金融体制变迁中政府效用目标函数主要有三个：产权偏好、租金偏好和效率偏好。

（一）产权偏好

新制度学派认为，国家的对内职能是界定并保护产权和降低交易成本。这同样体现在中国的金融体制改革历程中。回顾中国经济金融体制改革历程，在其金融体制变迁中，政府的一个重要职能就是通过扩张国有或国有控股金融产权形式，严格限制民营金融准入或严格限制民营金融掌握金融控股权，从而达到国有金融产权垄断全国金融的目的，形成国有金融产权一家独大或"一权"独大的局面；不仅如此，政府还通过诸如掌控信贷等控制国有金融产权手段以获取直接收益，从而支持与其有刚性关系的，也是其直接控制的国有经济改革。由此来看，政府在金融体制变迁中有着强烈的国有或国有控股金融产权偏好。

（二）租金偏好

公共选择理论认为，政府部门并不必然以社会大众利益为目标，当社会不能有效约束政府时，政府部门有可能利用其垄断性权力谋求自身效用的最大化。所以，丹尼斯·缪勒认为：毫无疑问，假若把权力授予一群称之为代表的人，如果可能的话，他们也会像任何其他人一样，运用他们手中的权力谋求滋生的利益，而不是谋求社会的利益。尽管这样，一般说来，任何性质的政府都要追求经济和政治目标以实现社会公众利益最大化。从经济目标看，中央政府是一个"理性人"或"经济人"，它有自己的目标函数和利益诉求，而中国金融体制变迁理所当然地必须体现政府的目标和反映其利益诉求。因为公有制为主体、多种所有制共同发展的经济制度是社会主义初级阶段的基本经济制度，所以，在金融体制变迁过程中，确保国有金融垄断全国金融体系的制度安排便是社会主义市场经济体制中政府所追求的经济目标。从政治目标看，用诺思（North，1981）的话来说，"国家所提供的基本服务……它们都有两个基本目标：一个目标是规定竞争和合作的基本规则，以便为统治者的所得租金最大化提供一个产权结构（即规定要素和产品市场的所有权结构）；另一个目标是在第一个目标的框架内，减少交易费用，以便促进社会产出的最大化，从而增加国家税收。""第二个目标含有一组旨在使社会产出最大化的、完全有效的产权；第二个目标试图规定一组基本规则，能使统治者最大限度地增加自己的收入。或者，如果我们希望放宽有关单个统治者的假定，则会最大限度地增加统治者为其代表的团体或阶级的垄断租金"。上述第一个目标是政治目标，第二个目标是经济目标。两个目标的最终目的是为统治者赢得最大化的政治支持，抑制对统治者执政地位构成潜在威胁的竞争对手势力的生长。在供给主导型制度变迁方式下，政府的政治目标通常支配着经济目标。正是受上述经济与政治的双重目标约束，政府才具有了控制经济、金融资源的内在动机。在金融领域，它表现为国家实施垄断性金融抑制，获取租金、货币化收益并动员金融剩余。

（三）效率偏好

如前所述，政府主导的金融体制改革有着追求国有金融产权垄断全国金融的目标，但不可否认的是，政府还有追求提高金融机构金融资源配置效率的目标。当政府通过界定产权实现追求国有金融产权垄断全国金融体系目标并试图不断扩展、扩大国有垄断金融产权后，它基于提高经济效率的考量，将自然而然地追求国有或国有控股垄断金融产权效率，以提高政府收益和增加经济绩效。所以，"政府将通过提供高效的资源配置效率和节约交易成本的金融制度来获取间接收益，因此，在国有金融体制改革方面，国家效用函数将具有效率偏好"（吴海兵和唐艳芳，2006）。

三、金融体制变迁的路径依赖

政府目标函数的存在，使得政府在金融体制变革中有着更为强烈的控制金融制度及其变革的内在需求，以使金融变革符合其效用函数，这造成了中国金融体制变迁中显著的路径依赖特征，它们也是转型时期金融体制不足的突出表现。

（一）追求政府主导型金融体制变迁的内在逻辑

金融国有垄断的政府目标函数，使得中国金融体制变迁无一例外地表现出强烈的政府推动的强制性变迁的色彩。对于强制性制度变迁主体的政府，尤其是转型国家的政府，政府主导型的金融制度供给有助于为经济改革提供一个稳定而宽松的环境，直接控制金融不仅可以获得税收方面的收益，而且可以通过其控制和影响力得到对国有经济的金融支持。这种强制性金融体制供给在特定的历史时期，其制度绩效可能是最大的，但从历史来看却未必是最优选择。由于政府控制着大部分的经济、金融资源，所以，政府推动的金融体制变迁过程实质上就是一个政府逐步放权和让利的过程。纵观改革历程，中国金融体制变迁是在政府主导下，经历了恢复和设立国有商业银行、政策性银行、保险公司、证券公司等金融机构，分离人民银行的商业银行职能，允许组建民营银行，进行国有商业银行的股份制改造等改革，迄今形成了以人民银行、银监会、证监会和保监会为监管机构，政策性银行、国有（股份制）商业银行、地方性商业银行、农村商业银行、证券公司、保险公司等多层次、多功能的分业经营的金融体系。在这一过程中，中国虽然在一定程度上和特定的范围内出现了非政府需求引致的金融体制变迁，如组建具有地方特色的地方性商业银行，但它们依然必须获得政府部门批准方可实现，而且从动态的角度考察，即便出现这样的金融体制变迁，与其有关的任何内容也完全取决于中央或地方政府的意愿和需求。

（二）国有与非国有金融机构非均衡性变迁的改革惯性

金融的国有垄断产权目标函数使政府有扩展国有或国有控股金融机构的内在冲动，但效率偏好的政府目标函数除了使政府有大力提高国有或国有控股金融机构效率的内在动力外，也有使政府发展有效率的非国有金融机构的内在需求，且这两者之间注定是发展不平衡的，即政府对前者的偏好要大于后者，而且政府势必将沿着这个惯性变革下去。20世纪80年代以来，经过30多年的发展，中国民营金融机构已初具规模，但与国有或国有控股金融的规模相比，民营金融仍处于抑制状态，无法完全满足经济发展需要。金融体制变迁中的产权偏好与租金偏好使中国的金融格局仍以国有或国有控股商业银行为主体，民营金融机构处于从属地位，金融体制发展呈现出严重的非均衡性。"不仅如此，政府还对包括外资银行在内的非国有金融机构做出地域、经营范围和银行数量等方面的严格控制以维护国有银行垄断经营的地位。占GDP 70%的非公有制经济只能获得金融资源的30%"（吴海兵和唐艳芳，2006）。内含种种歧视性政策的歧视性金融环境使非国有金融机构无法与国有金融机构公平竞争，这种状况一方面使得国有银行的垄断经营得以继续，更重要的是非国有金融机构发展缓慢，使得金融工具发展滞后于经济发展，国内储蓄无法有效转化为投资，民营企业更是缺少融资渠道。

（三）金融体制服务于经济体制的思维模式

从中国金融体制的变迁历程来看，金融体制始终是作为经济体制的一个子制度，在制度变迁中存在对经济体制的依赖和模仿。比如，从高度集权的计划经济体制到国有企业的"放权让利""厂长经理负责制"等再到国企股份制改革，金融体制变迁无不依赖、模仿整体经济体制变迁，而且总是滞后于整体经济体制，金融体制变迁始终服务于经济体制改革的总目标。

滞后性金融体制变迁造成了国内金融市场的发展落后于整个经济发展，表现为各种金融工具发展均不完善，它们直接导致国内储蓄无法有效转化为投资。传统的经济学理论表明，潜在的生产资源的价值支配权在时间、规模与结构上的配置，客观上需要金融市场上各种金融机构、金融工具的出现。因此，货币、金融机构、非货币金融工具是加速储蓄转化为投资的必要条件。一个发达、健全的金融市场，其金融工具一般包括三个层次：基础工具，主要包括普通股票和各种债券等；衍生工具，主要包括远期合约、期货合约、期权合约、货币和利率、汇率的掉期和互换等；组合工具，主要包括各种类型的投资基金。整体上看，随着中国金融体制改革的逐步推进，金融工具得到了一定程度的发展，但以股票和债券等为主体的证券市场规模依然偏小，金融衍生工具和组合工具则刚刚摸索前进，整个金融市场上的金融工具还无法满足国内投资需求。比如，仅就基础金融工具中的证券市场而言，2014 年中国证券市场市值和发行额仅占当年 GDP 的69.92%①，而早在 1996 年，美国仅证券市场的证券市值占 GDP 比重就达244.15%，德国则为 132.17%。中国金融体制变迁中的金融工具不完善、发展不均衡的现实，致使经济发展所需要的融资安排无法有效通过金融市场上应当有的完善金融工具来实现。

（四）国有金融体制与国有经济之间刚性相互依赖的自我增强

国有企业和国有银行产权的同源性以及政府的产权偏好、租金偏好导致了国有金融体制与国有经济之间形成了一种稳定、刚性的相互依赖关系。国有企业对国有金融体制存在强烈的依赖，希望从其获得资金来源，于是，20 世纪 90 年代以来，政府越来越以国有银行的信贷手段替代过去的直接财政补贴手段对国有企业进行救助，制约经济改革的银行不良债权问题也大多与此相关；反过来，国有金融机构对国有经济也有着强烈的依赖，这使得它能进一步无偿从国家获得财政注资，然后以低于市场均衡利率的储

---

① 由于数据可获得性缘故，这里的证券市场包括股票市值、国债和企业债券发行额以及证券投资基金规模，数据系根据国家统计局网站相关数据计算而得。

蓄存款利率吸收居民储蓄存款，再按照政府的授意，以较低利率贷款给国有企业[①]，这样，即使国有企业能按时还本付息，产生于垄断国有银行体制的、以超过竞争性收益率的形式表现出来的租金也已大部分转移给国有企业，从而便转嫁给了政府。胡和立（1989）曾估算出 1988 年由市场利率与官定利率的利差带来的金融租金为 1 138.5 亿元。万安培（1995）按照贷款利差 10%估算出 1992 年仅利率租金就达到了 1 983 亿元。张杰（1998）的研究认为，1985～1996 年政府给予国有企业的金融补贴占 GDP 比重平均达 9.7%。当前，金融体制变迁中的国有企业和国有银行之间的这种刚性体制依赖局面仍很难打破，因为，维持目前的相互依赖关系是金融体制变迁中两个最大的既得利益集团——国有银行与国有企业的理性选择。进一步的问题是，国有金融机构与国有经济之间的相互刚性依赖关系，则强化了政府的国有产权偏好与租金偏好。

四、金融体制变迁的路径依赖与外资需求偏好

中国金融体制变迁的上述路径依赖，不仅造成国内储蓄难以有效转化为投资，也造成了政府和企业尤其是民营企业筹资难的问题，于是，引进外资则成了解决这些难题的有效路径。进一步地说，正是中国金融体制变迁中存在的这些制度性路径依赖特征，造成了如下一系列中国外资需求偏好的制度供给机制。

（一）国内储蓄以贸易顺差形式从国外流入国内的制度供给机制

一方面，中国储蓄率自 20 世纪 70 年代以来一直处于世界前列，2005 年全球平均储蓄率为 19.7%，中国则高达 51%，到 2012 年这一数字变为 52%，2013 年为 50.08%[②]。而另一方面，20 世纪 80 年代以来，世界投资率平均为 22.17 %，相比之下，中国同期的投资率比世界平均水平高出约 15 个百分点，近几年则几乎达到了世界平均水平的两倍。因此，中国存在另一种形式的"储蓄—投资缺口"，储蓄有余而投资不足。中国金融体制变迁中，国有与非国有金融机构非均衡性变迁的改革惯性以及金融体制服

---

① 卢峰和姚洋(2005) 的研究表明，金融压抑是中国银行体系的主要特征之一，这不仅表现为在早期的计划经济年代，低利率体系被用来向重工业优先发展战略提供低成本的资金，而且在实行改革开放政策以来，金融压抑依然存在，官方利率一直比非正式信贷市场的利率低。
② 数据系根据当年国民储蓄额（4.6 万亿美元）和 GDP 额（9.185 万亿美元）计算而得。

务于经济体制的思维模式，使得国内金融体制不能完全适应经济发展的需要，"储蓄—投资缺口"中的储蓄不能有效转化为投资，于是造成国内储蓄以贸易顺差形式流向国外并相应地积累变成国内储备，然后它们再以各种"外资"形式流回国内。

具体地说，中国非均衡性变迁的改革惯性以及金融体制服务于经济体制思维模式，除了使国有银行积累大量的不良资产以外，更重要的是导致了国内储蓄无法有效、顺畅地转换成投资，特别是无法转换成非国有经济所急需的投资，形成主要针对非国有经济的巨大的"储蓄—投资缺口"。"储蓄—投资缺口"的存在，意味着国内不仅缺乏促成储蓄有效转化为投资的健全、完善、发达的证券市场，而且缺乏储蓄有效转化为投资的发达金融机构和丰富的非货币金融工具。总之，国内金融体制在动员储蓄方面尚不尽如人意，并且在媒介储蓄向投资转化方面显得效率很低。根据宏观经济恒等式"储蓄—国内投资＝对外净投资＝贸易顺差"，上述局面造成了这样一种循环，即国内的储蓄首先通过贸易顺差流向国外，相应地在国内积累起大量的国际储备，然后又通过各种引进外资的渠道流回国内，形成流入中国的"迂回 FDI"。

（二）低效率的国内金融机构"倒逼"外资流入的制度供给机制

中国金融体制变迁中的 4 个路径依赖特别是国有与非国有金融机构非均衡性变迁的改革惯性，不仅阻碍了国有金融机构向民营企业融资的渠道、非国有金融机构为国内投资提供资金的渠道，更重要的是，它还造成了国内金融机构的低效率，迫使形成这样一种"倒逼机制"——通过引进外资向国内提供资金以弥补国有金融机构在促成储蓄转化为投资等方面的低效率的外资制度供给机制。

首先，政府的产权偏好与租金偏好破坏了金融市场上明确的产权关系。因为，政府的产权偏好与租金偏好所诱发的"寻租"活动使国有银行体系在其经营活动中不得不承担一项重要的工作——按政府指令性政策以低于市场利率的官方利率向国有企业发放大量贷款，当国有企业经营亏损而无法偿还贷款时，国有银行便积累了大量坏账，这扭曲了资金资源的所有者、分配者和使用者之间的权责关系。于是，一些国有银行在执行国家指令性政策的同时，盈利动机的驱使会使得国有银行和其中的工作人员与国有企业开展游离于监管之外的贷款往来，资金"黑市""灰市"由此产生，而"黑市""灰市"市场本身就存在诸如交易的资金所有权归国家、银行还是银行工作人员所有的严重产权问题。而且当"黑市""灰市"中交易的资金也不能偿还时，将导致国有银行更多的坏账。因此，国有银行体系中"黑市""灰市"中产权问题的存在，也是国内金融机构低效率的重要原因之一。

其次，政府的产权偏好与租金偏好也阻碍了合理的间接融资市场结构的形成。当前以国有银行为垄断主体的间接融资的金融市场结构，是政策性租金的"生产器"。作为租金的生产者——国有银行，在尽可能多地吸纳储蓄存款这一点上，与作为租金分配者的国家的目标是一致的。尽管长期以来国有银行不能参与这种租金的初次分配，但它可以通过接受资金资源最终需求者的"寻租"行为，参与租金的再次分配。从这个意义上来说，国有银行没有太大的利益动机去改变这一市场结构。于是，政府在改变间接融资市场结构上面临着一种两难选择：一方面，政府急需政策性租金去补贴一些国有企业；另一方面，政府也深刻理解创造和分配政策性租金造成的间接融资市场配置资源效率的损失和潜在的金融风险。这种两难局面，使政府到目前为止尚不敢大刀阔斧地解决国有银行业垄断问题面。

以上两点原因的存在，使得国有金融机构主导的金融体制在合理配置市场资金资源方面不尽如人意，但是，政府因产权偏好与租金偏好又不想改变这一格局，于是，只能通过引进 FDI 来弥补国内金融机构在配置资金资源上的低效率，这便是因政府产权偏好与租金偏好造成的提高国内金融机构资源配置效率的"倒逼机制"，该机制显著地使中国产生强烈的外资需求偏好。

（三）政府主导外资引进的制度供给机制

前文已经表明，政府有着自己的目标函数，所以，政府有控制经济、金融资源获取租金的内在动机。

政府控制金融资源的一个主要表现就是，改革开放以来，中国政府一直扮演着经济发展中的投资主体角色。但问题是，在国民储蓄结构中，1978年，政府、企业、居民分别占 42.8%、33.65%和 23.55%，到 2010 年，政府部门仅占 3.5%的份额。而与此形成鲜明对比的是，政府在完成储蓄退出的同时，依然占据着主要投资者的位置。1978 年，全社会固定资产投资 783.0亿元，其中政府投资 668.7 亿元，占总投资的比例为 85.4%，民间投资 114.3亿元，占总投资的 14.6%。1992 年全社会固定资产投资 8 080.1 亿元，其中，政府投资 5 498.7 亿元，占总投资额的比例为 68.1%；民间投资 2 581.4 亿元，占总投资的 31.9%。此后，政府固定资产投资比重呈现逐步下降趋势，而民间固定资产投资比重则相对上升。例如，2012 年全社会固定资产投资 374 694.74 亿元，其中，政府投资 108 157.97 亿元，占总投资的 28.87%，民间投资 230 019.17 亿元，占总投资的 61.38%左右[①]。2013 年全社会固定资产投资 436 528 亿元（不含农户），其中民间投资 274 794 亿元，占总投资的 63%[②]。2014 年，全社会固定资产投资 512 020.7 亿元（不含农户），其中民间投资占 63.4%。[③]毋庸置疑，改革以后，尽管政府投资在总投资中的份额出现下降趋势，但与政府的储蓄相比，政府的储蓄退出与政府仍是主要投资者的现状之间仍然呈现出严重的不对称态势。

储蓄主体与投资主体的分离决定了储蓄向投资的转化不能像过去那样采用财政分配方式，而需通过金融交易方式完成。而以国有或国有控股银行为主导的间接融资的金融交易中，由于这些银行固有弊端没有有效根除，所以储蓄—投资转化模式本可转向直接融资的资本市场，但由于中国资本市场的不完善、不健全，投机有余而投资不足，中国资本市场依然不能较好地解决政府的资金筹措问题，政府的筹资难问题仍然十分突出。而事实表明，国家通过诸如增税、发行货币等手段只能筹措到十分有限的资金。显然，为了实现政府控制经济金融资源的动机，政府必须寻找一种制度安排，以弥补政府储蓄的不足而又不影响其对经济金融资源的控制，这种制度安排显然只能是政府主导从境外引进资金来弥补政府储蓄的不足，这种机制主要表现为由政府制定各种引资的优惠政策措施或产业指导目录，从而对外资引进进行有目的的引导，甚至政府直接充当引资的主体。

（四）依赖国际直接融资缓解国内企业融资难困境的制度供给机制

相比于国有企业，民营企业融资难问题比较突出。一方面，国有金融体制与国有经济之间的刚性依赖关系，使其与国有经济相比，在相当长的

---

① 2012 年数据是根据国家统计局网站数据计算而得，http://www.stats.gov.cn/，2014-01-20。其中，政府固定资产投资主要指国有经济的固定资产投资；民间投资主要包括集体、股份合作、私营独资、私营合伙、私营有限责任公司、个体户、个人合伙等纯民间主体的固定资产投资，以及混合经济成分中由集体、私营、个人控股的投资主体单位的全部固定资产投资。
② 2013 年数据是根据国家统计局网站数据计算而得，http://www.stats.gov.cn/，2014-01-20。
③ 2014 年数据是根据国家统计局网站数据计算而得，http://data.stats.gov.cn/easyquery.htm?cn=C01，2016-12-20。其中，政府固定资产投资主要指国有经济的固定资产投资；民间投资主要包括集体、股份合作、私营独资、私营合伙、私营有限责任公司、个体户、个人合伙等纯民间主体的固定资产投资，以及混合经济成分中由集体、私营、个人控股的投资主体单位的全部固定资产投资。

一段时期内，国内存在对民营企业所有权的歧视，具体表现为民营企业在注册审批、行业进入、融资和法律保护等方面所受到的排挤和限制远远大于国有和集体企业。尽管从 1997 年起，国家鼓励和支持民营、私营经济发展，但过去对它们种种歧视难以在短期内消除。因此，与公有制企业相比，民营企业较难从国内获得资金资源，中国国有银行所吸纳的大部分储蓄资金主要是廉价地提供给了国有经济部门，非国有经济部门所能取得的信贷支持极为有限。另一方面，政府主导型金融制度变迁的路径依赖，使得国有银行经营管理层多数由政府任命的官员出任，一般来说，他们任期较短，流动性大，这就不可避免地会出现追求短期利益的行为，加之国有银行股份制改革上市后，将面临较以往更大的利润压力，经理层具有减少风险以及偏好短期利益的诉求，国有银行必然"偏好"国有、集体企业和那些短期风险小、收益高的项目，而不是高风险性的民营企业。总的说来，国内扭曲的信贷体制，使商业银行尤其是国有商业银行对民营企业信心不足。

因此，我们认为，中国金融体制变迁中的路径依赖是造成国内民营企业融资困境的主要原因之一。按照新优序融资理论，民营企业（家族制企业）的融资序列中处于第二、第三融资序列的是债权融资与股权融资，但如前所说，国有金融体制与国有经济之间的刚性依赖以及政府主导型金融制度变迁的路径依赖，使民营企业与公有制企业相比较难从国内获得债权与股权融资，也较难从国内获得其他形式的外源性融资，此种情形下，发展中国家，尤其是在中国，深受各级政府普遍欢迎和鼓励的多样性国际投资，能够突破国内扭曲的信贷体制以及所有权歧视的羁绊，它不仅能解决民营企业内源性融资形式单一、资金规模有限以及国内外源性融资难等问题，而且能减少单一现金流波动风险；更重要的是，来自国外的外源性直接融资中，跨国公司的全球经营战略更有利于家族制企业迅速应对外部环境的变化并有效融入外部经济中。总之，中国的现实环境决定了民营企业的融资序列中必然会出现第四融资序列——国际直接投资，而且在某些条件下，民营企业不得已且只能选择国际直接投资以缓解其国内融资难的困境。所以，从这点来说，在不改变控制权的条件下，转轨时期的发展中国家的民营企业尤其是中国的民营企业易于吸收外商直接投资。

中国金融体制变迁过程中存在的诸多路径特征依赖，造就了一系列中国 FDI 需求偏好的制度供给机制，它们是使中国成为世界上吸引外资最多的国家之一的重要原因。但从提高利用外资质量的角度看，中国应显著减

少出上述机制引起的外资需求偏好，为此，正如党的十八大报告所提出的
"深化金融体制改革，健全促进宏观经济稳定、支持实体经济发展的现代金
融体系"，需要大力推进金融体制的市场化改革、减少政府对金融的直接
干预，积极、规范、有序地发展非国有金融机构包括外资金融机构，着力
推进国有商业银行的股份制改制，使之真正市场化，只有这样才能减少在
金融体制变迁过程中的路径依赖，进而健全支持实体经济发展的金融体系，
充分利用国内储蓄资源，减少吸引外资的数量，走质量引资之路。

第六章
中国外资需求偏好制度供给机制实证分析

政府经济管理体制、国有企业制度、民营企业制度以及金融体制等社会主义市场经济体制中存在的制度不足是导致中国产生外资需求偏好的重要制度供给机制。建立在时间序列数据和截面数据基础上的中国外资需求偏好的制度供给的实证研究结果同样显示，中国社会主义市场经济体制中存在的某些制度不足与外资需求偏好之间存在相关性，且大部分相关性较显著。问卷调查及典型案例也进一步佐证了理论与实证分析。

一、政府经济管理体制与外资需求偏好之实证

政府经济管理体制的实质是如何处理好政府与市场的关系。1978 年改革开放以来，中国政府与市场关系的改革历经打破计划经济体制、引入市场调节、发展有计划的市场经济体制、确立社会主义市场经济体制等阶段，政府经济管理体制不断完善。但其中，地方政府公司化、地方市场分割以及政治寻租等政府经济管理体制中的不足依然在一定程度上存在，它们是导致中国外资需求偏好的重要原因。不仅如此，接下来的计量实证分析进一步验证了理论分析结论，那就是，市场化进程、政府干预程度与外资需求偏好之间存在线性相关关系。具体来说，市场化程度高或政府干预程度小，外资需求偏好便弱；反之，外资需求偏好则强。

（一）研究设计与变量选择

实证分析中，选择国内学术界常用的市场化指数和政府行为规范化指数两个变量反映政府经济管理体制中存在的三个不足；同时，借鉴国外文献分析框架，实证政府经济管理体制与外资需求偏好之间的相关性及相关系数。

1. 研究变量

第二章已经表明，从导致外资需求偏好的原因看，政府经济管理体制中存在的不足可以概括为地方政府公司化、地方市场分割以及政治寻租三个方面。因此，实证分析中有两大变量，其一是中国外资需求偏好，其二是政府经济管理体制存在的不足，前者为被解释变量，后者为解释变量。

（1）被解释变量：中国外资需求偏好

本书以中国历年实际吸收的 FDI 值替代中国外资需求偏好，本部分实证分析中取 FDI 占 GDP 比重的自然对数值，即 ln（FDI/GDP）。

（2）解释变量：市场化指数、政府行为规范化指数

地方政府公司化、地方市场分割以及政治寻租是转型时期政府经济管理体制存在的三个主要不足。就其实质而言，它们在微观上是关于如何正确处理好政府与市场的关系问题；而宏观上则是有关社会主义市场经济建设中的市场化进程问题。

遗憾的是，现有文献尚不见直接反映政府经济管理体制质量的变量。退而求其次，既有文献中，能够较全面反映经济管理体制中政府与市场关系的变量是樊纲等（2001）编制的中国市场化指数以及曾学文等（2010）提出的市场化指数，它们被引用较多，具有一定权威性。市场化指数也能在一定程度上反映改革开放以来政府经济管理职能或体制的变化情况，正如樊纲等（2003）所说，"市场化改革的体制转轨进程是分阶段的，在不同的阶段上，不同方面的问题会较为突出，或者说这一进程在一定时期会较为突出地体现在某些方面的进展上，比如，在我们已经经历的阶段上，政府参与经济活动的比重减少，非国有经济的发展、生产要素的流动性加大等是体制改革进程的主要方面，较为突出地反映着这一阶段的成果；而在未来的某些阶段上，法治化进程、政府职能的转换、金融市场的发展、国际化程度的提高等，可能成为体制转轨的更重要的内容和更重要的标志。那时我们对市场化进程的度量，可能会更侧重那些方面的分析"。

有鉴于此，我们首先采用当今文献中普遍采用的市场化指数作为反映政府经济管理体制不足的一个变量。由于本书政府经济管理体制中政府和

市场的关系还关乎政府对经济的干预程度，因此，政府对经济的干预程度将是本书第二个反映政府经济管理体制不足的变量。诚然，就樊纲等（2001）编制的市场化指数而言，该一级指标中包含着 1 个二级指标——政府对经济干预程度指数，又包含 3 个三级指标：市场分配经济资源的比重[①]、减轻农村居民税费负担[②]和政府对企业控制与干预的减少[③]。由于上述市场化指数一级指标以及 3 个三级指标基本反映的是政府对企业、要素市场以及农村经济等的干预程度，与本书试图反映的地方政府公司化、地方市场分割以及政治寻租等政府经济管理体制不足有所偏差。而曾学文等（2010）在樊纲等（2001）的基础上，基于世贸组织和欧美等国家对市场经济地位的法律规定及中国改革开放实践提出的内含 5 个二级指标的市场化指数变量比较接近本书政府经济管理体制内涵，因此，我们最终采用该文献中提出的市场化指数作为反映政府经济管理体制不足的第一个变量；其次，该文献 5 个二级指标中的政府行为规范化指数，包含了政府对经济的干预程度，也比较接近本书的思想，所以，同样选择该文献中的政府行为规范化指数为反映政府经济管理体制不足的第二个变量。总之，这里的解释变量包括两个，一是中国市场化指数，记为 M；二是政府行为规范化指数，记为 GA。上述两个解释变量的取值范围均在 [0，10]，数值越大，表示市场化进程越高，政府对经济干预程度越小。经验分析中，这两个变量均取其自然对数值，即 $\ln M$ 和 $\ln(GA)$。

以上解释变量及代理变量特点描述见表6-1。

表 6-1　解释变量及代理变量特点描述

解释变量	代理变量	代理变量名称	代理变量特点描述
政府经济管理体制	市场化指数	M	国内文献通常做法
	政府行为规范化指数	GA	反映政府对整个市场干预程度

2. 研究设计

根据第二章之理论及本章的变量选择说明，借鉴 Larura（2003）、Lien（2005）等的分析框架，建立如下经验分析模型，以实证分析政府经济管理体制与外资需求偏好之间关系。

---

① 具体采用各地通过政府财政预算分配的部分在当地 GDP 中所占比重作为一个负相关指标，近似替代市场分配资源的比重。
② 采用各地样本中农户各类税费上缴占农户毛收入的平均比例近似反映指标。
③ 采用问卷调查得到的关于企业主要管理者花在与政府部门和人员打交道的时间占其工作时间的比重来近似替代。

$$\ln（FDI/GDP）=\alpha+x\ln M+y\ln（GA）$$

（二）实证分析

实证分析的具体方法是，在对被解释变量和解释变量的时间数列数据进行单位根检验基础上，采用 OSL 回归分析法检验解释变量和被解释变量之间的相关关系。

1. 样本选取与数据来源

实证分析的样本区间为 1980～2015 年，共计 36 个样本。被解释变量 ln（FDI/GDP）和解释变量 M 以及 GA 均取时间序列数据。解释变量 M 以及 GA 在 1980～2008 年数据来源于曾学文等（2010）。但由于该文献只测算了 1978～2008 年的中国市场化指数（M）和政府行为规范化指数（GA），缺少 2008 年以后的数据，为此，根据其计算方法，我们相应推算了 2008～2015 年的中国市场化指数和政府行为规范化指数。被解释变量 ln（FDI/GDP）中的 FDI 值和 GDP 值则据来源于联合国贸发会议网站。

2. 单位根（ADF）检验

因为有些时间序列数据是不平稳的，用蒙特卡罗模拟方法分析非平稳性时间序列数据的相关系数分部情况，结果表明，相关系数实际上服从倒 U 和 U 形分布，而非正态分布，因而增加了拒绝解释变量为零假设的概率，这样就降低了检验功效，增加了纳伪的可能性。因此，实证分析前需要对数据进行平稳性检验。这里，我们对于每个数据系列的变量 ln（FDI/GDP）、ln$M$ 和 ln（GA），运用 EVIEWS7.0 软件（以下实证分析均采用该软件）首先进行 ADF 平稳性检验，检验结果见表 6-2。

表6-2　各变量单位根（ADF）检验结果

变量	差分次数	（C、T、K）	D.W 值	ADF 值	5%临界值	1%临界值	结论
ln（FDI/GDP）	1	（C、T、1）	-1.98257	-5.657 77	-5.382 71	-6.984 10	I（1）**
ln$M$	1	（C、T、1）	-1.90532	-2.429 13	-2.038 54	-1.943 70	I（1）*
ln（GA）	1	（C、T、1）	-1.87475	-2.545 37	-2.273 65	-1.998 63	I（1）*

注：（C、T、K）表示 ADF 检验是否包括常数项、时间趋势和滞后期数；D.W 表示 Dubin-Watson 统计值；*、**分别表示在 1%和 5%水平上通过显著性检验

从表 6-2 的 ADF 检验结果来看，变量 ln（FDI/GDP）的 ADF 检验值小于 5%临界值水平下的-5.382 71，而变量 ln$M$ 和 ln（GA）的 ADF 检验值分别小于 1%临界值水平下的-1.943 70、1.998 63，这表明，3 个变量的一次差分序列都是平稳的，可以进行回归分析。

3. 模型估算结果

根据上文的研究设计，运用 EVIEWS7.0 软件进行 OLS 回归分析，估算结果见表 6-3。

表 6-3　模型估算结果

C	$\ln M$	$\ln$（GA）	R2	D.W	S.E	Sum.	F-statistic	Prob.
2.008	−0.034 6	−0.127 9	0.954 1	1.937 0	0.002 5	0.046 1	12.477 4	0.000 1
（−0.840 8）	（−0.324 4）	（−3.078 6）	N	N	N	N	n	n

注：括号内的数字表示参数估计值对应的 t 统计量；C 表示常数项；S.E 为标准差；Sum.代表 Sum squared resid；Prob.表示 F-statistic 的概率，n 表示"无"

从表 6-3 的模型估算结果来看，杜宾-瓦特森统计量 D.W 值为 1.937 0，接近于 2 的标准统计值，因此，可以认为本部分模型中不存在一阶自相关现象。

4. 模型的检验

（1）协整检验

在 ADF 检验和模型估算结果基础上，还需要对上述模型进行约翰森协整检验，以排除模型中变量的伪回归现象，检验结果分别见表 6-4、表 6-5。

表 6-4　约翰森协整检验结果之一（Trace）（迹统计）

原假设	特征根	迹统计量	5%显著水平临界值	概率
None	0.514 077	33.862 43	24.275 96	0.002 3
At most 1	0.243 243	11.489 59	12.320 90	0.068 6
At most 2	0.087 821	2.849 482	4.129 906	0.108 1

表 6-5　约翰森协整检验结果之二（Max. Eigenvalue）（λ-max 统计量）

原假设	特征根	迹统计量	5%显著水平临界值	概率
None	0.514 077	22.372 84	17.797 30	0.009 6
At most 1	0.243 243	8.640 112	11.224 80	0.137 5
At most 2	0.087 821	2.849 482	4.129 906	0.108 1

从模型的协整检验结果来看，无论是迹统计协整检验下，还是 λ-max 统计量协整检验下的零假设中的迹统计量均大于 5%显著水平下的临界值，而且零假设下的概率也都小于 5%，这表明，模型中各自变量之间均存在协整关系，伪回归现象不存在。

（2）格兰杰因果检验

进行格兰杰因果检验的目的是检验存在协整关系的变量至少存在一个

方向向上的格兰杰因果关系。根据赤池信心准则和施瓦茨准则确定实证分析的模型中格兰杰因果检验的滞后期数为 2 期，从而检验结果见表 6-6。

表 6-6　模型格兰杰因果检验

原假设	样本数	F 统计值	概率
ln$M$ does not Granger Cause ln（FDI/GDP）	36	4.043 25	0.029 6
ln（FDI/GDP）　does not Granger Cause ln$M$	36	4.419 33	0.062 3
ln（GA）does not Granger Cause ln（FDI/GDP）	36	4.519 05	0.011 2
ln（FDI/GDP）does not Granger Cause ln（GA）	36	4.300 30	0.072 4

由表 6-6 可知，ln（FDI/GDP）分别不是 M 和 GA 的格兰杰原因的接受概率为 0.062 3、0.072 4，说明在 5%显著水平上的原假设成立，即 ln（FDI/GDP）不是 ln$M$ 和 ln（GA）的原因；而 ln$M$ 和 ln（GA）不是 ln（FDI/GDP）的格兰杰原因的接受概率分别为 0.029 6、0.011 2，说明在 5%显著水平上的原假设不成立，即 ln$M$ 和 ln（GA）是 ln（FDI/GDP）的原因。

5. 实证结果分析

在排除了模型中存在的伪回归现象，并确保解释变量是被解释变量的原因：①从模型的估算结果表 6-3 来看，解释变量 ln$M$ 和 ln（GA）前的系数为负数，这从相反的角度验证了第二章有关政府经济管理体制存在的某些不足与外资需求偏好的理论结论，符合理论假设。也就是说，理论上，如果中国市场化进程快、政府行为合乎规范，那么，政府经济管理体制将比较完善，中国外资需求偏好将减少。具体来说，社会主义市场经济的市场化指数每提高 1%，政府吸收 FDI 在 GDP 中的比重将降低 3.46%；政府行为规范化指数每提高 1%，政府吸收 FDI 在 GDP 中的比重将降低 12.79%。较市场化指数而言，政府行为规范化指数对外资需求偏好影响更大。因为政府行为越规范，全面干预经济的程度越小，也就意味着地方政府公司化、地方市场分割和政治寻租现象将越少，因而地方政府一概而论地借助于引进外资增加经济绩效的行为将受到约束，数量型外资需求偏好会减少。②从实践来看，随着中国社会主义市场经济中市场化进程加快，自 20 世纪 90 年代以来，中国吸引的 FDI 依然呈不断提高的态势，这似乎与第二章的理论结论以及本部分实证分析结论相左，原因何在？除去企业吸引的 FDI 外，可能的原因之一是，实证分析中采用的替代变量不能全面反映政府经济管理体制中存在的不足。因为该变量——市场化指数[1]和政府行为规范化指数，只是部分涉及了政府与市场的关系，但与本书政府经济管理体制中存在的不足的含义尚有出入。原因之二，虽然中国社会主义市场经济实践不断发展，但地方政府公司化、地方市场分割以及政治寻租等政府经济管理体制中存在的突出问题依然没能得到很好解决，这就导致了虽然中国市场化进程中要素市场、金融市场等日臻完善，贸易环境日益透明、公平[2]，但在 GDP 政绩考核机制和政治集权下，地方政府依然存在急功近利的盲目引资行为。

（三）简短结论

政府和市场的关系问题是社会主义市场经济转型中的核心问题，也是社会主义市场经济体制改革中着力要处理好的关键问题。政府过多干预经济，主导经济发展，辅之以 GDP 政绩考核机制，必然产生地方市场割据、地方政府公司化及政治寻租等政府经济管理体制中的不良现象，而在这个过程中，吸引外资是一个快速发展地方经济并且能迅速提升地方政府及其官员政绩的有效途径之一。因此，改变当前引资工作中重数量轻质量局面的有效途径之一是推进政府经济管理体制改革。其中，有两点值得思考：其一，彻底改变单纯以 GDP 为主的政绩考核机制。单纯的 GDP 政绩考核机制是造成地方政府公司化、市场割据以及政治寻租的重要原因，必须改变。因此，弱化单纯的 GDP 政绩观，彻底纠正"唯 GDP 论英雄"，才能切实减少政府对经济的过度干预，从而真正建立起市场型政府。其二，依法规范政府职能。2013 年 11 月 12 日中共十八届三中全会指出，"经济体制改革是全面深化改革的重点，核心问题是处理好政府和市场的关系"。前文指出的政府经济管理体制中存在的不足实质上是政府与市场关系中存在政府越位、缺位和失位现象，而改变这一状况，需要将政府的"守夜人"角色通过法律形式规定下来，建立法治型政府，依法明确政府经济管理的职能范围，根除政府行使经济管理职能中的随意性、盲目性，为逐步直至最终消除地方市场割据、地方政府公司化以及政治寻租等创造法治前提。

---

[1] 它内含 5 个二级指标：政府行为规范化、经济主体自由化、生产要素市场化、贸易环境公平化以及金融参数合理化。

[2] 这些也是本书经验分析采用的替代变量反映的主要内容，同时从另一个侧面表明，经验分析采用的替代变量尚未全面反映中国市场化进程和政府行为规范化程度。

二、国有企业制度与外资需求偏好之实证

鉴于无法也不可能获取全国范围内所有国有企业的利用外资数据,因而,本章有关国有企业制度不足与外资需求偏好之实证分析,选择了广东、江苏和浙江等经济大省同时也是利用外资大省中部分上市国有控股企业,以此从实证上验证国有企业制度不足与外资需求偏好之间的理论关系。

(一)研究设计与变量选择

本部分实证分析重在检验国有企业制度不足与外资需求偏好之间是否存在相关性,以及相关性是否显著,因而,研究设计并不追求被解释变量对解释变量的敏感程度。实证中,国有企业制度不足的变量选择采用国内外文献的通常做法。

1. 研究变量

第三章理论研究表明,国有企业存在产权不清、资产专用性强以及剩余损失等制度不足,它们是国有企业产生外资需求偏好的重要原因。有鉴于此,实证分析中,确定国有企业外资需求偏好为被解释变量,国有企业的产权不清、资产专用性以及剩余损失等为解释变量。

(1)被解释变量:国有企业外资需求偏好

本部分实证分析中选取的样本企业是江苏、浙江、广东三省在深圳证券交易所上市的共计 36 家含有外资股份且国有资本控股的国有股份有限公司。采用上市公司数据或者小样本数据是在国有企业改制的实证研究文献中常用的样本选择方法。尽管上市公司是一个特殊的群体,并且小样本选择的结果可能缺乏更普遍意义,但是,本文的样本企业来自不同行业或部门,如家用电器、交通运输、造船、餐饮服务等,既有重工业、轻工业,也有服务业,因而还是具有一定的行业代表性;而且,本部分实证分析的目的是发现国有企业制度不足与外资需求偏好之间是否存在相关性以及相关性是否显著,而从经济学弹性概念角度来说,并不关注国有企业外资需求偏好对国有企业制度不足的具体敏感程度。有鉴于此,本部分实证分析结果不乏代表性及普遍意义。

实证分析中,就样本企业而言,由于无法直接获得这些国有控股企业利用外资的具体数据,所以,我们以每家样本企业在年报中披露的归结于上市公司的净资产值与外资方拥有的股份总数的乘积(记为 F)作

为国有企业利用外资的数据，以此来替代被解释变量——国有企业外资需求偏好。

（2）解释变量

第一，国有企业产权不清。如前文，国有企业产权不清表现为其存在较高的代理成本。因此，本书采用国有企业的代理成本变量来反映国有企业产权不清这一制度不足。根据 Jensen 和 Meckling 的研究，广义的代理成本由委托人的监督成本、代理人的担保成本和剩余损失等组成。詹姆斯等（James et. al.，2000）曾用两种方法来计量企业的代理成本，其一是销售管理费用率，其二是效率损失。鉴于数据可获得性缘故，采用它们其中一个方法——资产周转率（Turnover，记为 T）即企业效率比率作为企业代理成本的替代变量。

第二，国有企业的资产专用性。前文已经表明，国有企业的资产专用性主要体现为它含有大量的沉淀成本。汤吉军、郭砚莉（2008）认为，所谓沉淀成本，是指进行投资之后不能得到完全补偿的那些成本，通常被称为不可逆投资、资产固定性或固定资本。换言之，沉淀成本是指在资产市场不完全的条件下，一级资产市场上购买价格大于二级市场上资产转让价格（再出售价格或打捞价值）的差额。所以，实证分析中采用国有企业的固定成本（Fixed Cost，FC）变量来替代国有企业的资产专用性。

第三，国有企业的剩余损失。李寿喜（2007）认为，所谓剩余损失，指委托人因代理人代行决策而产生的一种价值损失，等于代理人决策和委托人在具有代理人信息和才能情况下采取的效用最大化决策之间的企业价值差异。它又分为显性损失和隐性损失两种，显性损失主要指在职消费，以及由决策失误或者内部控制缺陷而造成的营业外支出；隐性损失指由经理人的偷懒、企业生产技术水平不高或营销手段落后，引起企业市场份额萎缩所造成的价值损失。这种隐性损失难以直接计量和观察，一般只能通过替代变量来表示，如销售收入或资产周转率的降低等指标。因此，借鉴该文献，实证分析中用营业外支出（no-operating expenses）和销售收入（sales income）两个变量之和（记为 NOESI）来替代国有企业的剩余损失。

以上解释变量及其代理变量特点描述见表 6-7。

表6-7 解释变量及代理变量特点描述

解释变量	代理变量	代理变量名称	代理变量特点描述
产权不清	资产周转率	T	国外文献通常做法
资产专用性	固定成本	FC	资产专用性定义决定
剩余损失	营业外支出+销售收入	NOESI	能反映企业效率

2. 研究设计

本部分选用三种统计方法来检验前文理论分析：①描述性统计分析。②线性相关性分析与线性回归分析。记 F 与 T 之间的回归模型为 Mode 1，F 与 FC 之间的回归模型为 Mode 2，F 与 NOESI 之间的回归模型为 Mode 3。③一元方差分析。用①和③检验不同国有企业在利用外资、资产专用性和剩余损失等方面的差异性，用②分别检验解释变量——国有企业产权不清、资产专用性与剩余损失和被解释变量——企业利用外资之间是否存在相关性，以及被解释变量的变化中有多少比例是由解释变量引起的。

（二）实证分析

实证分析选择来自江苏、广东和浙江三省国有企业的小样本数据。首先分析被解释变量和解释变量之间相关性；在此基础上，对被解释变量和解释变量进行一元方差分析。

1. 样本选取与数据来源

实证分析的原始数据来自江苏、浙江、广东三省在深圳证券交易所中上市 36 家国有控股企业 2012 年报中披露的截面数据，数据来源为巨潮资讯网[①]。

2. 变量的描述性统计

基于 SPSS19.0 统计软件给出样本企业相关变量的描述性统计，见表 6-8。

从描述性统计结果来看：无论是变量 F，还是变量 T、FC 及 NOESI，它们各自的极大值与极小值之间、极大值与均值之间的差距较大，这说明，样本企业无论是在利用外资，还是在资产周转率、固定成本以及营业外支出和销售收入之间均存在比较大的差异。如上文，本部分样本企业来自重工业、轻工业和服务业等不同行业或部门，因而它们之间在上述被解释变量和解释变量上存在差异是极其正常的。

---

① 数据见巨潮资讯网，www.cninfo.com.cn，2015-08-10。

表 6-8 各变量的描述性统计

	样本数	极小值	极大值	均值	标准差	方差
F	36	0.03	58.38	9.69	17.92	321.30
T	36	0.03	50.59	3.27	9.54	90.94
FC	36	0.43	29.79	13.56	10.65	113.52
NOESI	36	4.50	1 015.47	103.26	248.70	61 853.39

3. 各解释变量与被解释变量——外资需求偏好之间的相关性及回归概要

基于 SPSS19.0 统计软件给出的样本企业被解释性变量——外资需求偏好与相关解释性变量之间相关性以及回归结果概要，分别见表 6-9、表 6-10。从表 6-9、表 6-10 可以发现：①国有企业产权制度不足（T）与利用外资（F）之间负相关且比较显著，但两者之间相关系数的绝对值 0.214 并不大；而且利用外资（F）中只有 5.1%的变化是由国有企业产权制度不足（T）引起的。相关系数不大且不甚显著，这说明，虽然国有企业产权不清这一制度不足与其吸引外资之间存在相关性，前者也导致了企业有少量外资进入，但外资进入并没有给国有企业产权改革带来实质性影响，国有企业产权中，国有股"一股独大"的局面仍然存在，国有产权的"所有者缺位"现象依然存在；并且，在引进外资后，国有资产的代理人所受到的外资方监督、约束并不显著，依然隐含着代理人不一定完全以委托人（国家）的意志行事的风险，所以，一些国有企业低效率状况并未改观。②国有企业资产专用性（FC）与利用外资（F）之间正相关，两者之间的相关系数绝对值较大，为 0.604，显著性强；并且，利用外资（F）中的 33.8%是由国有企业资产专用性（FC）引致的。这表明，引进外资确实有助于缓解国有企业资产专用性现象，因为外资较少存在诸如国有企业那样的固定资产投资场所、隶属于政府的无形资产等资产专用性；而且外资的进入还从整体上稀释了国有企业资产专用性。③国有企业的剩余损失（NOESI）与利用外资（F）之间正相关，不仅相关系数绝对值 0.710 较上述其他两个系数绝对值大，也很显著；并且，利用外资（F）中的 43.6%是由国有企业的剩余损失（NOESI）引发的。这表明，国有企业改制过程中，一些国有企业往往寻求引进政府大力鼓励的外资来重组企业，试图降低剩余损失和提高企业效率。

此外，表 6-9、表 6-10 中的三个模型结果中的杜宾-沃特森值都接近于 2，所以认为随机误差项基本是相互独立的，相关分析及回归分析中不存在序列相关现象。

表6-9 各变量之间的相关性

变量	F	T	FC	NOESI
F	1	-0.241^* Sig.0.021 （2-tailed）	0.604^{**} Sig.0.00 （2-tailed）	0.710^{**} Sig.0.00 （2-tailed）
T	-0.214^* Sig.0.021 （2-tailed）	1	N	N
FC	0.604^{**} Sig.0.00 （2-tailed）	N	1	n
NOESI	0.710^{**} Sig.0.00 （2-tailed）	N	N	1

注：含有三行数字的单元格内，第一行为相关系数，第二行 Sig.为显著性水平，第三行为双侧检验；标记为"1"的单元格，"1"也为相关系数；*表示在置信度（双侧）为 0.05 时，相关性是显著的；**表示在置信度（双侧）为 0.01 时，相关性是显著的；n 表示无

表6-10 回归模型概要

	Mode 1	Mode 2	Mode 3
R（相关系数）	0.241	0.604	0.710
R Square（判定系数）	0.058	0.365	0.504
Ajusted R Square（调整的判定系数）	0.051	0.338	0.436
Std. Error of the Estimate（标准误）	12.621	6.103	2.574
Durbin-Watson（杜宾-沃特森值）	1.563	1.706	1.879

4. 一元方差分析

上文相关性分析只是分别描述了两个变量之间是否存在相关性，并没有反映不同样本之间在每一个解释变量的不同水平上的差异性，而方差分析则可以进一步说明，对于同一个被解释变量，某个解释变量的不同水平是否对它有差异性影响。因此，接下来将通过一元方差进一步实证，对于同一个被解释变量——国有企业外资需求偏好（F），在样本企业中，每个解释变量的不同水平对被解释变量的影响是否存在差异。

（1）等方差齐性检验

使用方差分析，要求因变量（被解释变量）在影响因素的各个水平上的分布必须服从正态分布且具有等方差性，因此，首先需要对因变量分别在不同的自变量（解释变量）水平上作等方差齐性检验，结果见表6-11。

表 6-11 被解释变量 *F* 在不同解释变量上的等方差齐性检验

自变量	Levene 统计量	df1	df2	显著性
T	0.473	1	35	0.596
FC	0.861	1	35	0.750
NOESI	0.972	1	35	0.813

从表 6-11 的检验结果来看，各解释变量等方差齐性检验的显著性水平均大于 0.05，所以，可以接受分析变量在指标的各个不同影响因素的分布是等方差的假设，因而可以进行一元方差分析。

（2）一元方差分析结果

基于 SPSS19.0 统计软件，实证分析时样本企业中被解释变量与不同解释变量的一元方差分析结果见表 6-12 至表 6-14（表中 n 表示"无"）。

表 6-12 解释变量为 *T* 的一元方差

	平方和	df	均方	*F*	显著性
组间	4 796.905	33	368.993	32.575	0.060
组内	22.655	2	8.328	N	n
总数	4 819.561	35	n	N	n

表 6-13 解释变量为 FC 的一元方差

	平方和	df	均方	*F*	显著性
组间	4 819.561	34	321.304	46.203	0.041 7
组内	2.695	1	12.473	n	n
总数	4 819.561	35	n	n	n

表 6-14 解释变量为 NOESI 的一元方差

	平方和	df	均方	*F*	显著性
组间	4 819.561	33	321.304	46.203	0.039 4
组内	6.057	2	10.845	n	n
总数	4 819.561	35	n	n	n

从表 6-12 至表 6-14 的一元方差分析结果来看，除了表 6-12 外，FC、NOESI 等解释变量的一元方差分析结果中的显著性水平均小于 0.05。因此，可以认为，样本企业中，不同国有企业上述各解释变量的不同水平对企业吸引外资有显著性差异，即不同的国有企业因为产权制度不足、资产专用性强以及剩余损失等方面的差异而在吸引外资方面有所区别，这不仅与第三章理论分析结论相吻合，而且也符合描述性统计分析结果。值得注意的是，表 6-12 中，变量 *T* 的一元方差分析中显著性水平略高于 0.05，这进一

步说明前文中关于国有企业产权不清的局面并没有因吸引外资而得到显著改善。

（三）简短结论

从国有企业制度不足与外资需求偏好之间经验分析结论看，国有企业的产权不清、资产专用性以及剩余损失等，均与国有企业的外资需求偏好之间存在相关关系。虽然本部分样本企业数量略少，无法在更广的意义上观察到其他国有控股企业制度不足与外资需求偏好之间关系的结果，但我们的经验分析仍然有理论和现实意义：首先，它从实证上揭示了国有企业制度不足与外资需求偏好之间的相关性，揭示了中国外资需求偏好的"另一面"，具有重要的理论意义。其次，为推进国有企业改革进而提高利用外资质量提供了实践借鉴。我们无意否认外资参与国有企业资产重组的积极作用，但从充分利用好国内储蓄资源和提高利用外资质量看，应大力鼓励民间资本参与国有企业特别是垄断国有企业资产重组，同时重点强调以技术换股权的外资引进方式，以此推进国有企业改制甚至发展为混合所有制企业，而引进国内民间资本和外资技术股权同样可以进一步分散国有股权，完善国有企业公司治理结构，逐步减少国有企业的制度不足。

三、民营企业制度与外资需求偏好之实证

基于国有企业制度不足与外资需求偏好实证分析中的同样缘由，本章中对民营企业制度不足与外资需求偏好之实证分析，选择广东、江苏和浙江等经济大省同时也是利用外资大省中部分上市民营控股企业，以此从实证上验证民营企业制度不足与外资需求偏好之间的理论关系。

（一）研究设计与变量选择

本部分实证分析也是重在检验民营企业制度不足与外资需求偏好之间是否存在相关性以及相关性是否显著，因而，研究设计同样并不追求被解释变量对解释变量的敏感程度。而民营企业制度不足的变量选择，也采用国内外文献的通常做法。

1. 研究变量

第四章理论分析已经表明，中国民营家族制企业存在融资规模有限性、治理结构不完善、信息不对称等制度不足问题，它们是民营企业产生外资需求偏好的重要原因之一。有鉴于此，本部分实证分析中，我们确定民营

企业外资需求偏好为被解释变量，家族制企业融资规模有限性、治理结构不完善、信息不对称等为解释变量。

（1）被解释变量：民营企业外资需求偏好

这里，实证分析中选取的样本企业是江苏、浙江广东三省在深圳证券交易所中小企业板块上市的共计 30 家含有外资股份且外资不控股的民营股份有限公司[①]。同样，由于无法直接获得这些民营企业利用外资的具体数据，所以，实证分析中以每家样本企业在年报中披露的归结于上市公司的每股净资产与外资方拥有的股份总数的乘积并取乘积的自然对数（记为 F）作为民营企业利用外资的数据，以此来替代被解释变量——民营企业外资需求偏好。

（2）解释变量

根据第四章理论分析，实证分析中共有 3 个解释变量。

第一，民营家族制企业融资规模的有限性。由于不存在直接反映民营企业融资规模有限性的变量，学术界常常采用盈利能力指标来说明企业发展状况与对未来投资机会的把握能力，而企业营业利润则是反映企业盈利能力的重要指标，故本部分实证分析中采用样本企业营业利润自然对数（记为 P）作为替代变量来反映民营家族制企业融资规模有限性。

第二，信息不对称。这是个制度或虚拟变量，前文理论分析表明，信息不对称实质上反映的是银企关系。进一步地说，如果存在信息对称情况，银企关系一般会发展良好，企业从银行获得融资的可能性大；反之，企业从银行获得融资的可能性小。国外文献常用企业成立时间来反映银企关系。至于企业成立时间，张杰等（2006）的实证中的取值做法是，若企业建立时间超过 4 年（包含 4 年）则取 1，4 年以下则取 0，其理论依据为，中国中小企业的平均寿命为 3.5 年，经过 4 年生存期的企业一般具有良好的发展前景，同时也与银行、供应商与客户建立了良好关系。本部分实证分析中同样用企业成立时间（记为 T）来替代信息不对称这一制度变量。具体做法是，在样本民营企业中，以该企业首次发行股票并在证交所上市的时间为起始时间，截止时间为 2011 年[②]，若时期满 4 年记为 1，不满 4 年记为 0。

第三，公司治理结构不完善。据前述理论分析，民营企业公司治理结

---

① 本部分的样本民营企业多为私营企业。
② 因为这里截面数据是 2011 年企业年报披露的数据，所以截止时间便是当年。

构不完善有两个表现，其一是一些董事会规模不甚理想，其二是"两权模糊"。从前文已知，完善的公司治理结构的一个重要表现是企业董事会人数有着理想规模。本部分经验分析中样本企业的董事会规模均达到了中国公司法规定的股份有限公司最低 5 人下限，但每个企业不尽相同，5～12人不等，其中选择 9 人最多，5 人最少，所以，其中一些企业董事会人数还不是理想规模。因此，经验分析中，我们以样本企业在其年报中披露的董事会人数的自然对数（记为 B）作为替代变量来表现民营企业的公司治理结构完善与否状况。至于后者，这是一个制度变量，上文已经表明，民营企业的"两权模糊"主要表现为民营企业内产权，不仅在家庭或家族内部、自然人之间无严格界定，部分民营企业内部成员之间的产权也不明晰，企业内部并没有划分大小股东之间的权责界限。刘晓华（2003）、乃东燕（2010）等都认为，通过实现产权多元化或建立法人财产所有权，能明晰民营企业内部产权。因此，实证分析中，以是否实现产权多元化①（产权多元化记为 D）间接判断民营企业是否存在"两权模糊"现象。具体做法是，如果存在法人和/或机构投资者股东（不包括外资股），这样的民营企业我们就记为 1，而只有自然人股东的民营企业记为 0。

以上解释变量及代理变量特点描述见表 6-15。

表 6-15　解释变量及代理变量特点描述

解释变量	代理变量	代理变量名称	代理变量特点描述
家族制企业融资规模有限性	企业营业利润对数	P	反映企业发展状况和未来投资能力
信息不对称	企业成立时间	T	国外文献通常做法
公司治理结构不完善	董事会人数对数	B	能应对经营国际化、削减代理成本和获取外资
	产权多元化	D	能提高企业产权明晰度

2. 研究设计

这里选用三种统计方法来检验第三章理论分析：①描述性统计分析；②相关性分析；③一元方差分析。用①和③检验不同民营企业在利用外资、营业利润、董事会规模等方面的差异性，用②检验民营企业制度不足与利用外资之间是否存在相关性。

---

① 本部分中，根据企业披露的年报，样本企业产权多元化是指：是否含非国有法人、国有法人、机构投资者股份等其他所有权人。

（二）实证分析

实证分析同样选择来自江苏、广东和浙江三省民营企业的小样本数据。首先分析被解释变量和解释变量之间的相关性；在此基础上，对被解释变量和解释变量进行一元方差分析。

1. 样本选取与数据来源

本部分实证分析中数据主要来自江苏、浙江、广东三省在深圳证券交易所中小企业板块上市的 30 家民营企业 2011 年报中披露的数据，数据来源为巨潮资讯网①，对于原始数据漏缺状况，采用均值法替代。

2. 变量的描述性统计

基于 SPSS19.0 统计软件给出 30 家民营企业相关变量的描述性统计（见表 6-16）。在变量的描述性统计中，从各变量的极大值、极小值和标准差来看，利用外资的自然对数以及公司营业利润的自然对数这两个变量各自差异性显著，而董事会人数的自然对数、成立时间以及股权多元化有一定的差异性。

表 6-16　各变量的描述性统计

变量	样本数	极小值	极大值	均值	标准差	方差
F	30	−5.01	2.10	0.34	1.63	2.67
P	30	−6.50	1.96	−0.17	1.64	2.70
B	30	1.61	2.49	2.11	0.18	0.03
T	30	0.00	1.00	0.14	0.36	0.13
D	30	0.00	1.00	0.29	0.46	0.21

3. 外资需求偏好与各解释变量之间的相关性

基于 SPSS19.0 统计软件给出样本企业被解释性变量与相关解释性变量之间相关性（见表 6-17）。从表 6-17 看：①利用外资（F）与企业营业利润（P）之间负相关且显著性相对较显著。利用外资自然对数与企业营业利润自然对数之间相关系数绝对值为 0.443，虽不算太大，但显著性相对较强，这与前文结论相一致，即民营家族制企业由于规模相对较小，存在融资难困境，所以，在不改变企业家族控股权的情况下，它愿意吸引外部融资包括外资。但是，需要指出的是，并非企业规模越小或盈利能力越弱，

---

① 数据系根据巨潮资讯网数据统计而得，www.cninfo.com.cn，2015-09-27。

越容易获得外部融资，企业规模或盈利能力小是有限度的。事实上，较大企业规模或较强盈利能力可能使企业更容易获得外源融资。正因为如此，本部分实证分析中，利用外资与企业盈利能力之间的相关系数并不太大。②利用外资（F）与成立时间（T）之间负相关。利用外资和企业成立时间之间相关系数的绝对值为 0.502，且显著性明显，这充分说明，中国民营企业建立时间越短，其与国内银行之间信息不对称情形越显著，从而难以获得国内金融机构青睐，于是在不影响控股权的前提下，中间民营企业愿意吸引外资以解决融资难困境。③利用外资（F）与董事会人数（B）之间正相关。两个变量之间的相关系数不仅较大而且显著性强，这表明企业董事会规模越大，越能够提高企业的监管质量，减少机会主义倾向，越能在面临国际化经营时，能有效应对国际化挑战包括吸引外资。④民营企业产权多元化状况（D）与利用外资（F）之间存在正相关。这一结果表明，中国民营企业，通过吸纳国内法人股或机构投资者股东等，在保持家族控股前提下，实现股权多元化，不同性质的股东之间共同的利益诉求将有助于改善单一家族制企业"两权模糊"的情形。尽管两者存在正相关，但相关系数不大，为 0.464，并且不显著，这可能是因为一些家族制企业尽管通过引进外资进一步实现了股权多元化，但家族控股条件下，家族内部所有权模糊现象依然没有得到有效改观。

表 6-17　各变量之间的相关性

变量	F	P	T	D	B
F	1				
P	−0.443* Sig.0.05 (2- tailed)	1			
T	−0.502** Sig.0.00 (2- tailed)	0.574** Sig.0.01 (2- tailed)	1		
D	0.464 Sig.0.05 (2- tailed)	0.483* Sig.0.048 (2- tailed)	0.194 Sig.0.323 (2- tailed)	1	
B	0.409** Sig.0.00 (2- tailed)	−0.331* Sig.0.046 (2- tailed)	−0.020 Sig. 0.918 (2- tailed)	0.354 Sig. 0.065 (2- tailed)	1

注：*表示在置信度（双侧）为 0.05 时，相关性是显著的；**表示在置信度（双侧）为 0.01 时，相关性是显著的

4. 一元方差分析

上文相关性分析只是分别描述了两个变量之间是否存在相关性，并没有反映不同样本之间在每一个解释变量的不同水平上的差异性，而方差分析则可以进一步说明，对于同一个被解释变量，某个解释变量的不同水平是否对它有差异性影响。因此，接下来将通过一元方差进一步实证，对于同一个被解释变量——利用外资的自然对数，在样本企业中，每个解释变量的不同水平对被解释变量的影响是否存在差异。

（1）方差齐性检验

使用方差分析，要求因变量（被解释变量）在影响因素的各个水平上的分布必须服从正态分布且具有等方差性，因此，首先需要对因变量分别在不同的自变量（解释变量）水平上作等方差齐性检验，结果见表6-18。

表 6-18 利用外资的自然对数在不同解释变量上的方差齐性检验

自变量	Levene 统计量	df1	df2	显著性
P	0.683	1	28	0.784
T	1.536	1	28	0.695
B	1.262	3	22	0.832
D	0.701	1	28	0.501

从表6-18的检验结果来看，各解释变量方差齐性检验的显著性水平均大于0.05，所以，可以接受分析变量在指标的各个不同影响因素的分布是等方差的假设，因而可以进行一元方差分析。

（2）一元方差分析结果

基于SPSS19.0统计软件，本书样本企业中被解释变量与不同解释变量的一元方差分析结果见表6-19至表6-22。

表 6-19 解释变量为 P 的一元方差

	平方和	df	均方	F	显著性
组间	67.129	27	3.954	4.629	0.001
组内	7.908	2	2.486		
总数	75.036	29			

表 6-20　解释变量为 T 的一元方差

变量	平方和	df	均方	F	显著性
组间	73.453	28	2.623	5.379	0.038
组内	1.583	1	1.583		
总数	75.036	29			

表 6-21　解释变量为 B 的一元方差

变量	平方和	df	均方	F	显著性
组间	68.791	22	3.127	7.015	0.045
组内	6.245	7	0.892		
总数	75.036	29			

表 6-22　解释变量为 D 的一元方差

变量	平方和	df	均方	F	显著性
组间	75.022	28	2.679	7.987	0.057
组内	0.014	1	0.014		
总数	75.036	29			

从表 6-19 至表 6-22 的一元方差分析结果来看，除了表 6-22 外，公司融资规模有效性、成立时间以及董事会中董事人数等解释变量的一元方差分析结果中的显著性水平均小于 0.05，因此，可以认为，样本企业中，不同民营企业上述各解释变量的不同水平对公司吸引外资有显著性差异，即不同的民营企业在吸引外资方面存在差异。事实上，表 6-16 中，样本企业吸引外资的自然对数的均值为 0.34，而极大值和极小值分别为 2.10、-5.01，极大和极小值之间差距较大，这便解释了样本企业的不同外资水平。至于表 6-22，一元方差结果中的显著性水平略高于 0.05，这在一定程度上说明民营企业不同的产权结构对公司吸引外资有差异性影响，但这一影响在不同企业之间不显著，因为民营企业尽管产权实现多元化，但"两权模糊"现象依旧存在。

（三）结论

当外资在 20 世纪 90 年代进入中国的速度急剧增加时，因为所有权歧视与扭曲的国内信贷体制，民营企业发现，外国企业不仅能够为自己的发展提供资本从而解决家族制企业资金规模有限性问题，还能改善企业信息不对称状况，完善"两权模糊"的治理结构，所以，民营企业引进外资虽不是最优但也是一种次优选择，这就解释了为什么外资会进入一些中国领先了数个世纪的传统行业。传统的手工业、家具制造、服装、家用电器、电子仪器仪表等"劳动密集型行业是民营企业家的据点"（张华荣，2010），这些行业也是民营企业吸引外资的主要领域之一[①]，因为当下的中国民营企业家只有通过将企业资产部分控制权给予外国人的办法才能解决家族制企业资金规模有限性问题，改变"两权模糊"状况，完善信息披露制度和公司治理结构，尽管这种资本获得方法的代价较高。

基于上文之实证分析，我们得到如下结论：

结论1：民营企业国内融资规模有限性与其外资需求偏好之间负相关。在国内存在融资难的困境下，资金规模相对有限或盈利能力的相对有限性，是促使民营企业产生外资需求偏好的重要原因之一。当然，一个经营不善的民营企业并不是外资的青睐对象。

结论2：民营企业成立时间与其外资需求偏好之间负相关。本部分实证分析中的样本企业均为在深圳证券交易所中小企业板上市的民营股份有限公司，实证分析结果表明，公司成立的时间越短，国内银企关系越薄弱，从而越难以获得国内融资，于是，民营企业越希望能够吸引外资。

结论3：民营企业董事会规模与其外资需求偏好之间正相关。一个有着理想董事人数的健全公司治理结构能提高公司监管质量和减少机会主义倾向，同时能够提高应对国际化经营挑战，也有助于民营企业吸引外资。

结论4：民营企业之间的外资需求偏好存在差异。从总体上看，虽然中国民营企业存在大致相同的制度不足，但是每个民营企业利用外资的情况不尽相同。

目前，中国民营企业正处于自我更替与超越的关键时期，必须在改革开放的实践中不断地改革自身。

四、金融体制与外资需求偏好之实证

前文已经于理论上阐明，国内金融体制中存在的某些制度不足也是中国外资需求偏好的重要原因。为了实证分析的方便，根据第五章理论，我们将中国金融体制变迁的路径依赖中所展示的金融体制某些缺陷或不足归结为两个方面：第一，金融体制的计划经济特征。国有银行垄断全国金融体系、内外资银行以及国有和民营银行发展的不平衡，表明政府还在不恰当地干预金融以及金融领域缺乏有效竞争，这凸显了当前金融体制仍具有

---

① 这里的样本企业也大多集中在服装、家用电器、电子仪器仪表等劳动密集型产业。

一些计划色彩。第二，国内金融市场不发达。直接融资市场上长期融资工具不健全、不完善以及间接融资市场上民营企业融资所受到的主客观限制，凸显了国内金融体制不发达。实证分析将就中国金融体制的上述两个方面不足与外资需求偏好之间关系进行检验。

（一）金融体制缺陷与外资需求偏好之理论概述

如前，中国金融体制中存在的不足可以概括为具有计划特征的金融体制和金融市场不发达两个方面。前者造成了中国金融体系的低效率，使国内储蓄无法有效转化为投资，而引进外资能一定程度弥补国内投资不足；后者不仅导致间接融资市场对民营经济的"惜贷"行为，而且表现为直接金融市场金融工具种类少从而影响储蓄向投资的转化，所以，政府和企业都有外资需求偏好。

1. 具有计划特征的金融体制与外资需求偏好

当前，国有银行垄断全国金融体系、内外资银行以及国有和民营银行的不均衡发展，使金融体制仍具有一些计划特征。计划经济体制的一个重要缺陷是其导致经济运行低效率，这同样体现在具有计划色彩的金融体制中，该体制从如下两个方面导致了金融体系低效率：第一，因为政府授意而向国有企业贷款，扭曲了资金资源使用中的权责关系。在中国，国有商业银行与国有企业之间存在刚性的相互依赖关系，表现之一是国有银行体系在其经营活动中有时还需按政府指令贷款给一些国有企业。20 世纪 90 年代以来，中国政府越来越以国有银行的信贷手段替代过去的直接财政补贴手段对国有企业进行救助，具体做法是，国有金融机构无偿从国家获得财政注资，以低于市场均衡利率的储蓄存款利率吸收居民储蓄存款，再按照政府的授意，以较低利率贷款给国有企业。刘小玄、周晓艳（2011）认为，2000～2007 年，平均国企贷款真实利率水平只有 1.6%，而平均市场利率水平则为 4.68%，所以，受到政府支持的国有企业融资成本低于应支付利率。贷款利率低于市场利率，这是对国有企业的一种变相金融补贴，张杰（1998）的研究认为，1985～1996 年政府给予国有企业的金融补贴占国内生产总值（GDP）比重平均达 9.7%。当国有企业经营亏损而无法偿还贷款时，国有银行便积累了大量坏账，这扭曲了资金资源所有者、分配者和使用者之间的权责关系，导致国有银行更多的坏账，它是国有金融机构低效率的重要原因之一。第二，阻碍了合理的间接融资市场结构形成。当前以国有银行为垄断主体的间接融资金融市场结构是政策性租金的"生产器"。作为租金的生产者——国有银行，在尽可能多地吸纳储蓄存款这一点上，与作为租金分配者的国家的目标是一致的。尽管长期以来国有银行不能参与这种租金的初次分配，但它可以通过接受资金资源最终需求者的"寻租"行为，参与租金的再次分配。从这个意义上来说，国有银行没有太大的利益动机去改变这一市场结构。于是，政府在改变间接融资市场结构上面临一种两难选择：一方面，政府急需政策性租金去补贴一些国有企业；另一方面，政府也深刻理解创造和分配政策性租金造成的间接融资市场配置资源效率的损失和潜在的金融风险。这种两难局面，使政府到目前为止尚不敢大刀阔斧地解决国有银行业垄断问题。尹希果、许岩（2011）曾经估算了中国 1979～2009 年的利率租金（表 6-23），其中，2008 年、2009 年都超过 2 000 亿元。

表 6-23　利率差租金的估算

年份	利差估计/%	利差租金/亿元
1990	10	1 216.0
1991	10	1 444.6
1992	10	1 744.9
1993	10	2 120.1
1994	10	2 833.5
1995	10	3 838.0
1996	4.92	2 330.1
1997	6.63	3 526.5
1998	8.61	5 511.2
1999	9.15	6 440.7
2000	9.15	6 952.8
2001	9.15	7 466.78
2002	9.69	9 194.31
2003	9.69	10 928.0
2004	9.42	12 197.2
2005	9.42	13 259.3
2006	8.88	14 621.3
2007	7.53	14 394.5
2008	9.69	21 385.2
2009	9.69	26 436.6

资料来源：尹希果、许岩. 2011. 中国金融抑制的政治经济学. 当代经济科学，（5）：10～17（124）

至此，一方面，国有金融机构有时不惜成本地补贴国有企业，歧视有发展前途的非国有经济；另一方面，政府也没有动力彻底解决国有银行垄断金融体系的局面，两者最终使得间接融资市场不能有效配置资金资源，导致国内"储蓄—投资"缺口的扩大，即国内丰富储蓄资源无法有效转化为非国有经济等急需投资。由于中央政府并不想完全改变这一金融体制格局，因而在一些情况下，需要鼓励企业和地方引进外资弥补金融体系在间接融资市场上配置资金资源的低效率，促进国内投资可持续，实现经济增长（图6-1）。

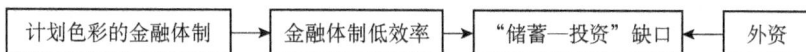

| 计划色彩的金融体制 | → | 金融体制低效率 | → | "储蓄—投资"缺口 | ← | 外资 |

图 6-1　具有计划色彩的金融体制与外资需求偏好

2. 金融市场不发达与外资需求偏好

国内金融市场不发达，表现之一是，直接融资市场上金融工具发展不均衡、不完善，这影响了政府投资，因而政府有外资需要偏好。如前文所述，中国储蓄率自20世纪70年代以来一直处于世界前列。这些储蓄都是潜在的生产资源。传统的经济学理论表明，潜在的生产资源的价值支配权在时间、规模与结构上的配置，客观上需要金融市场上各种金融机构、金融工具的出现。因此，货币、金融机构、非货币金融工具是加速储蓄转化为投资的必要条件。一个发达、健全的金融市场，其金融工具一般包括三个层次：基础工具，主要包括普通股票和各种债券等；衍生工具，主要包括远期合约、期货合约、期权合约、货币和利率、汇率的掉期和互换等；组合工具，主要包括各种类型的投资基金。

整体上看，随着中国金融体制改革的逐步推进，金融工具得到了一定程度的发展，但以股票和债券等为主体的证券市场规模依然偏小，金融衍生工具和组合工具则刚刚摸索前进，整个金融市场上的金融工具还无法满足国内投资需求。比如，仅就基础金融工具中的证券市场而言，第五章已经表明，中国证券化率远低于美国、德国等发达国家。进一步说，金融工具不完善、发展不均衡的现实，使经济发展所需的融资安排较难有效通过直接融资市场来实现。而与此同时，当前的国民储蓄—投资结构中，政府在完成储蓄退出的同时，却依然占据着主要投资者之一的位置，政府"储蓄—投资"缺口由此产生。面对这一局面，如前文所述，鉴于政府无法有效通过间接融资渠道和直接融资渠道解决筹资问题，通过诸如增税、发行货币等手段筹措的资金有非常有限，所以，政府大多会转向国家普遍欢迎的外资，即通过引进外资在一定程度有效解决政府"储蓄—投资"缺口问题，一些地方政府甚至既当裁判员，又当运动员，直接充当引资主体。

间接融资市场对民营企业融资限制多，这是国内金融市场不发达的第二个表现，因而民营企业也有外资需求偏好。造成中国民营企业融资难困境的原因很多，除了直接融资市场因为金融工具不发达以及资本市场对民营企业的高门槛外，当前作为金融市场上主要融资途径的间接融资渠道，还存在 4 个十分重要的阻碍民营企业融资的障碍：一是国有商业银行对民营企业的歧视。前文已经述及，国有银行与国有经济之间存在刚性依赖关系，决定了前者必然偏好后者而歧视非国有经济。二是国有商业银行经营管理层因任期短而追求短期利益进而偏好风险小的国有、集体企业。国有银行的经理层一般由政府任命且任期较短，这决定了管理层必然是风险厌恶型的，所以，他们关注的目标显然是风险小的国有、集体企业而非高风险的民营企业。三是民营企业融资交易成本高。如民营企业向银行贷款存在手续烦琐、难度大等问题。四是民营金融不发达。20 世纪 80 年代以来，经过 30 多年的发展，中国民营金融机构已初具规模，但与国有或国有控股金融的规模相比，民营金融仍处于抑制状态，无法完全满足经济发展需要。在金融体系中，民营金融机构始终处于从属地位，"不仅如此，政府还对包括外资银行在内的非国有金融机构作出地域、经营范围和银行数量等方面的严格控制以维护国有银行垄断经营的地位。占 GDP 70%的非公有制经济只能获得金融资源的 30%"（吴海兵等，2005）。这四个障碍的存在使民营企业在不改变控股权的前提下，当然希望通过引进外资来弥补资金不足（图 6-2）。

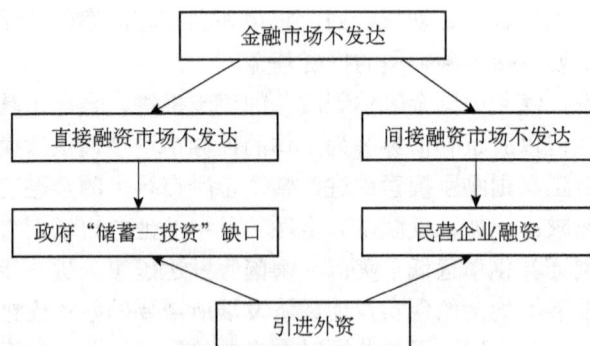

图 6-2　金融市场不发达与外资需求偏好

（二）研究设计与变量选取

金融体制不足与外资需求偏好之实证分析，重在实证外资需求偏好对金融体制质量的敏感程度。因此，实证分析中，在对被解释变量和解释变量的时间序列数据进行单位根检验基础上，采用线性回归分析法发现金融体制不足与外资需求偏好之间的计量关系。

1. 研究变量选取

上文表明，具有计划特征的金融体制与金融市场不发达是导致中国外资需求偏好的重要原因，因此，实证分析中，外资需求偏好为被解释变量，具有计划特征的金融体制与金融市场不发达分别为解释变量。

（1）被解释变量：外资需求偏好

这里以中国历年实际吸引的 FDI 数值的自然对数来表示中国外资需求偏好，实证分析中不考虑 FDI 的协议金额。

（2）解释变量

本部分有两大类解释变量，即具有计划特征的金融体制与金融市场不发达。

第一，具有计划色彩的金融体制。如前文，当下具有计划特征的金融体制主要表现为国有银行垄断全国金融体系的局面以及内外资金融机构、国有与民营金融机构的发展不平衡等。关于前者变量的选取，由于国有银行垄断全国金融体系，所以，我们以国有银行金融资产占国内生产总值（GDP）的比重——国有银行金融资产/GDP，即金融相关率（FIR）来代表国有银行垄断全国金融体系的局面；而后者的一个重要表现是，非国有商业银行的金融资产规模相对而言远小于国有商业银行的金融资产规模，所以，这里选择非国有商业银行金融资产与国有商业银行金融资产的比率来代表两者之间的发展不平衡[①]，记 SNSFC=非国有商业银行金融资产/国有商业银行金融资产。实证分析中，FIR、SNSFC 分别取其自然对数，即 ln（FIR）和 ln（SNSFC）。

第二，金融市场不发达。如前文献所述，国内金融市场不发达的两个重要表现：其一是国内直接融资市场不发达，它引发了政府外资需求偏好；其二是国内间接融资市场不发达，它引发了民营企业外资需求偏好。至于第一个表现，相比较而言，由于当前中国证券市场较金融衍生工具和组合工具等市场发达，并且基于后者统计数据较难获得等原因，这里选择证券市场规模（包括股票市值，国债和企业债券发行规模以及证券投资基金规

---

① 由于外资金融机构规模偏小，所以，这里非国有金融机构中不包括外资金融机构。据凤凰财经网 2012 年 6 月 15 日报道，自 2001 年中国加入 WTO 以来，外资金融机构在华的发展一直乏善可陈，资产总额占中国整体银行业资产总额的份额并没有明显增长，国际金融危机后还出现了下降。据统计，2001 年在华外资银行的资产份额占比为 1.82%，到 2011 年其资产份额占比为 1.93%，过去 10 年中国外资银行市场份额仅增长 0.11 个百分点，甚至比国际金融危机前所达到的 2.38% 峰值还下降了 0.45 个百分点。

模）占当年 GDP 的比率来替代直接融资市场的不发达，记 UDF=证券市场规模/GDP。至于国内金融市场不发达的第二个表现——间接融资市场对于民营企业融资而言的不发达，主要体现为民营企业不仅很难从国有商业银行获得贷款支持，也因民营银行规模发展有限而难以充分满足民营企业的贷款需求，所以，这里选择全国金融机构对民营企业贷款额占全国金融机构全部贷款额的比率来替代民营企业融资难，记 PLTL=金融机构对民营企业贷款额/金融机构全部贷款总额。实证分析中，UDF、PLTL 也分别取其自然对数，即 ln（UDF）和 ln（PLTL）。

上述解释变量及其名称见表 6-24。

表 6-24　解释变量及其名称

解释变量	代理变量	代理变量名称
国有银行垄断全国金融体系	金融相关率（FIR）	ln（FIR）
国有与民营、内外资银行之间发展不平衡	非国有商业银行金融资产/ 国有商业银行金融资产	ln（SNSFC）
国内直接融资市场不发达	证券市场规模/GDP	ln（UDF）
国内间接融资市场不发达	民营企业贷款额/ 全国金融机构全部贷款额	ln（PLTL）

2. 研究设计

根据上文金融体制缺陷与外资需求偏好之理论并借鉴 Larura 等（2003）的分析框架，分别建立如下经验分析模型：

① $\ln（FDI/GDP）=\alpha+x_1\ln（FIR）+x_2\ln（SNSFC）$

② $\ln（FDI/GDP）=\beta+y_1\ln（UDF）+y_1\ln（PLTL）$

其中，模型①用来检验具有计划特征的金融体制与外资需求偏好之间的关系，模型②用来检验国内金融市场不发达与外资需求偏好之间的关系。

（三）实证分析

建立在时间序列数据基础上的显性回归结果表明，金融体制质量与外资需求偏好之间有着较强的线性回归关系，其结果也通过了自相关和协整检验，具有可信性。

1. 样本选取与数据来源

本部分实证分析的样本区间为 2000～2014 年，变量数据选取年度时间序列数据，数据单位是按当年人民币对美元中间汇价均转化为美元单位，数据来源于 2001～2014 年的《中国统计年鉴》和《中国金融年鉴》，所有变量均取其自然对数。

2. 单位根（ADF）检验

因为有些时间序列数据是不平稳的，用蒙特卡罗模拟方法分析非平稳性时间序列数据的相关系数分部情况，结果表明，相关系数实际上服从倒 U 和 U 形分布，而非正态分布，因而增加了拒绝解释变量为零假设的概率，这样就降低了检验功效，增加了纳伪的可能性。因此，实证分析前需要对数据进行平稳性检验。实证分析中对于每个数据系列的变量 ln（FDI/GDP）、ln（FIR）、ln（SNSFC）、ln（UDF）和 ln（PLTL），运用 EVIEWS7.0 软件（以下实证分析均采用该软件）首先进行平稳性检验，检验结果见表 6-25。

表 6-25　单位根检验结果

变量	ADF 检验统计值	5%临界值下检验统计值	备注
一次差分 ln（FDI/GDP）	-3.934 858	-3.259 808	均含有截距项检验
一次差分 ln（FIR）	-4.176 114	-3.259 808	
一阶次分 ln（SNSFC）	-3.387 619	-3.259 808	
一次差分 ln（UDF）	-4.954 315	-3.259 808	
一次差分 ln（PLTL）	-3.749 260	-3.259 808	

从表 6-25 的 ADF 检验结果来看，每个时间序列系列数据的自然对数的一次差分检验统计值均小于 5%临界值下的检验统计值，因此，经验分析中所有这些变量数据的自然对数一次差分都是平稳的。

3. 模型①、②的估算结果

根据上文的研究设计——模型①、②，运用 EVIEWS7.0 软件进行实证分析，其分析估算结果见表 6-26。

表 6-26　模型①、②的估算结果

Variable		模型①		模型②	
		Coefficient			Coefficient
	C	4.404 （-21.42）	C	4.233 （-9.202）
	ln（FIR）	-0.507 （-2.599）	ln（UDF）	-0.351 （-4.113）
	ln（SNSFC）	-0.614 （-3.929）	ln（PLTL）	-0.541 （-4.591）
R2		0.96		0.98
D.W		1.91		1.86
S.E		0.017 877		0.019 243
F		857.17		911.86

注：括号内的数字表示参数估计值对应的 t 统计量

4. 自相关与协整检验

（1）序列自相关 LM 检验

实证分析中，在作了回归估算后，接下来需要在残差中作序列自相关

LM 检验，其目的是排除变量之间的自相关现象，检验结果见表 6-27、表 6-28。

表 6-27 模型①的一阶和二阶序列自相关检验

	Obs*R-squared	Probability
一阶序列自相关检验	1.474 862	0.224 6
二阶序列自相关检验	1.789 363	0.408 7

表 6-28 模型②的一阶和二阶序列自相关检验

	Obs*R-squared	Probability
一阶序列自相关检验	6.043 926	0.140 7
二阶序列自相关检验	7.748 447	0.208 4

从表 6-27、表 6-28 的检验结果来看，无论是模型①还是模型②，每个模型的一阶和二阶序列自相关检验中的概率 0.224 6、0.408 7、0.140 7、0.208 4，均大于 0.05 显著水平，这表明实证分析中构建的模型①、②中的变量均不存在一阶和二阶序列自相关。

（2）协整检验

在 ADF 检验和模型估算结果基础上，还需要对上述模型进行协整检验，以排除变量的伪回归现象，检验结果分别见表 6-29、表 6-30。

表 6-29 模型①的协整检验结果

原假设	特征根	迹统计量	5%显著水平临界值	概率
None	0.754 898	26.702 81	24.275 96	0.024 2
At most 1	0.699 921	12.642 02	12.320 90	0.044 2
At most 2	0.058 700	0.604 929	4.129 906	0.497 9

表 6-30 模型②的协整检验结果

原假设	特征根	迹统计量	5%显著水平临界值	概率
None	0.996 479	66.072 25	24.275 96	0.001 0
At most 1	0.607 160	9.580 873	12.320 90	0.137 9
At most 2	0.023 455	0.237 344	4.129 906	0.684 5

从模型的协整检验结果来看，模型①、②中，零假设下的迹统计量均大于相应的 5%临界值统计量，而且零假设下的概率均小于 0.05。因此，两个模型中各自变量之间均存在协整关系，伪回归现象在本书的两个模型中均不存在。

综上所述，通过对模型①、②进行序列自相关和协整检验，分别排除了一阶、二阶序列自相关现象和伪回归现象，不仅说明实证分析中构建的两个经验分析框架是合理的，而且说明实证分析结果是可信的。

5. 经验结果分析

从模型①的估算结果来看：①模型拟合度较高，表明解释和被解释变量之间存在一定相关性。②FIR 每上升 1%，会导致 FDI 在 GDP 中的比重下降 50%左右；SNSFC 每上升 1%，会导致 FDI 在 GDP 中的比重下降 61%左右。前文的理论分析表明，由于国有银行在资源配置方面的低效率，因此，如果国有银行的金融资产在全国全部金融总资产中的比重上升，将提高中国外资需求偏好，但实证分析结果中的 FIR 的上升导致 FDI 在 GDP 中比重下降结论似乎与理论分析相左。之所以会出现这种情况，可能的原因是，因为在这里的研究设计中没有完全反映国有银行资源配置的低效率，但实证分析结果恰恰从另一个侧面说明，如果国有银行富有效率，那么中国外资需求偏好会减弱，也就是实证分析中的 FDI 在 GDP 中比重会下降。而 SNSFC 上升会导致 FDI 在 GDP 中比重下降，即非国有银行金融资产在国有银行金融资产的比率上升将导致外资需求偏好减弱，这符合本书的分析结论。因为鼓励和支持非国有金融机构的发展，能促进金融领域竞争，提高金融体系效率，有利于动员和利用国内潜在生产资源，促进国内储蓄向投资转化，这将减弱中国数量型外资需求偏好。

从模型②的估算结果来看：①模型拟合度较高，表明解释和被解释变量之间存在一定相关性。②UDF 每上升 1%，将导致 FDI 在 GDP 中比重下降 35%左右；PLTL 每上升 1%，会导致 FDI 在 GDP 中的比重下降 54%左右。这一结果从另一侧面充分说明，如果国内证券市场得到有效、健康发展，间接融资市场逐步放松对民营企业的融资限制以及民营金融得到充分发展，将有助于政府通过直接融资渠道改变其储蓄和投资之间不对称状况，并且改善民营企业在金融市场上的融资难困境，这些将显著减少政府的引资冲动和民营企业外资需求，最终将减弱中国数量型外资需求偏好。

（四）简短结论

具有计划色彩的金融体制以及国内金融市场的不发达，不仅造成了国内金融体制缺乏效率，使国内储蓄无法有效转化为投资，而且妨碍了直接融资市场的健康发展，于是为了缓解改变储蓄和投资之间不对称局面，政府及国有和民营企业都有外资需求偏好。所以，从这个意义上说，鼓励外资和民间资本进入国有（控股）商业银行，大力发展民营金融机构、外资金融机构和中外合资金融机构，进一步规范和推动证券市场发展，不仅能改变当下具有计划色彩金融体系的局面，提高金融体系竞争效率，而且能丰富直接融资，这些均能在一定程度上缓解中国数量型外资需求偏好，提高利用外资的质量。

五、问卷调查和典型案例

中国外资需求偏好的主体是政府（主要是地方政府）、国有企业以及民营企业，它们具体实施着引资行为。既然理论和实证分析均表明，社会主义市场经济体制的某些制度不足是产生外资需求偏好的重要原因，那么，实践中，政府、企业的引资行为背后的部分动因是否符合理论与实证分析？为此，便需要通过问卷调查和典型案例分析进一步加以揭示。

（一）问卷调查及结果

通过选择具有普遍意义的调查对象，我们试图依赖于一个小样本问卷调查，验证地方政府、国有和民营企业外资需求偏好背后的动因——社会主义市场经济体制的某些不足。我们选择的调查对象是江苏省苏南地区的苏州、无锡和常州3个地级市的地方政府（主要是区政府）以及该地区的部分国有和民营企业。之所以选择这些调查对象，是因为：江苏省是当前中国利用 FDI 最多的省份；江苏苏南地区尤其是苏州、无锡和常州三市又是江苏吸引 FDI 最多的区域，三市每年吸引的 FDI 总额占江苏省近 50%；并且 FDI 在江苏经济发展中有着不可替代的作用。

具体来说，自 2003 年以来，江苏省利用外资水平一直高居中国各省（自治区、直辖市）首位。其中，苏南地区的苏州、无锡和常州又是江苏利用外资最多的地区。2012 年，江苏实际利用外资 357.6 亿美元，规模连续10 年位居全国第一，2013 年这一数字为 332.6 亿美元，较 2012 年下降0.7%，依然位居全国第一。尽管 2014 年、2015 年江苏实际利用外资分别为 281.7 亿美元、242.8 亿美元，比 2013 年分别下降 15.3%和 27.0%，但利用外资依然全国领先。而在江苏全省中，2004~2015 年，苏州、无锡和常州 3 个地级市实际利用外资总额每年都占全省总额的 45%以上，平均占比 53.5%左右（表 6-31）。就 FDI 对江苏经济发展的作用来看，在江苏经济发展与产业升级过程中，外商直接投资起到巨大作用，已成为江苏经济发展不可或缺的推进器。有鉴于此，我们选择江苏苏南的苏州、无锡和常州三市为问卷调研和案例调查的主要地区。

对于每一个市的地方政府，选择了 10 名官员为问卷调研对象，包括政府主管部门官员、职能部门官员等；每一个市分别选择 3 家企业为问卷调研对象，其中，国有企业 1 家、民营企业 2 家，共计 9 家企业。

表 6-31　2004～2015 年苏、锡、常三市实际吸收 FDI 一览表

年份	全国/亿美元	江苏/亿美元	苏州/亿美元	无锡/亿美元	常州/亿美元	江苏/全国/%	三市/江苏/%
2004	606.3	121.38	50.00	20.96	5.80	20.02	63.24
2005	724.1	123.80	60.05	25.17	7.30	17.10	74.73
2006	727.2	174.31	61.05	27.52	12.50	23.97	57.98
2007	835.2	218.92	71.64	27.72	15.30	26.21	52.38
2008	1 083.1	251.20	81.33	31.67	20.04	23.19	52.96
2009	950.0	253.23	82.26	32.03	22.60	26.66	54.06
2010	1 147.3	284.98	85.35	33.00	26.70	24.84	50.90
2011	1 239.9	321.32	89.12	35.05	30.52	25.91	48.14
2012	1 210.8	357.60	91.65	40.10	33.61	29.53	46.24
2013	1 239.1	332.60	86.98	33.39	35.30	26.84	46.80
2014	1 285.0	281.7	85.78	31.16	31.2	21.9	52.5
2015	1 356.1	242.8	70.2	32.1	24.9	17.9	52.4

资料来源：全国实际利用 FDI 数据来源于联合国贸发会议网站 http://unctad.org/en/Pages/statistics.aspx；江苏省数实际利用 FDI 数据来源于江苏省统计局网站 http://www.jssb.gov.cn/；苏州市实际利用 FDI（有验资报告的 FDI）来源于苏州市商务局网站 http://www.commerce.gov.cn/；无锡、常州市实际利用 FDI（有验资报告的 FDI）分别来源于无锡、常州市统计信息网 http://www.wxtj.gov.cn/，http://www.cztjj.gov.cn/

1. 政府、企业均存在资金短缺现象

在问卷第一部分需要政府和企业共同回答的问题中，当被问到"您所在的地区或企业经常存在资金缺口吗"，回答"经常存在"的占 93.4%，回答"说不清楚"的占 6.6%；而对于"如果您所在的地区或企业并不存在资金缺口，还会引进外资吗"，回答"会"的占 42.28%，"说不清楚"的占 50.71%，"有时会"的占 7.01%；对于"中国当前国内储蓄率大约是 50%左右，但这些储蓄远没能有效转化为国内投资。有人认为，这其中的原因是中国国内金融体制没有有效做好这方面的工作，您同意吗"的回答，说"同意"的占 74.9%，"不同意"的占 12.6%，"说不清楚"的占 2.5%；对"您所在的地区或企业引进的外资中是否存在迂回外资、假外资"的回答，"说不清楚"的占 84.1%，"有"的占 14.3%，"没有"的占 1.6%；而对"您所在的地区或企业是否有时会为了获得政府超国民待遇的外资优惠政策而引进迂回外资、假外资、低附加值外资"的回答，"说不清楚"的回答占 86.7%；"不会"的占 7.4%，"会"的只有 5.9%。从对问卷第一部分回答的情况来看，有如下几点结论：第一，无论是政府部门还是企业部门都普

遍感到存在资金短缺现象，而且大部分被调研对象都认为其中有国内金融体制低效率的缘故；第二，如果本地、本部门不存在资金缺口，还是希望引进外资的比例接近50%，尽管问卷调研使用匿名方式，考虑到被调研对象对回答"是"的顾虑，可能会故意隐藏自己观点，因而我们认为，上述回答"是"的比例实际可能还要更高；第三，由于存在"家丑不可外扬"的心理，对于各地是否存在假外资、迂回外资的现象，我们认为，被调研对象大部分应该是作了虚假回答。

2. 各地方政府在引进外资时存在激烈竞争

在问卷第二部分需要政府部门回答的问题中，当被问及"您所在的地区对外资流入量的限制程度如何"，94.7%的人回答是"无限制"，而回答"限制较为宽松"的仅有5.3%；对于"您认为地方政府之间在引进外资方面存在着地方保护主义吗"的回答，"说不清楚"的占76.8%，"不存在"的回答占15.6%，而"存在"的占7.6%；但在"您认为您所在的地区在引进外资方面存在着与其他地区的竞争吗"这一问题的回答上，"存在"的占47.4%，"不存在"的占50.5%，"说不清楚"的占2.1%；对于"倘若您所在的地区并不存在资金缺口，但同级地区却存在引资行为，那么您所在的地区会采取措施引进外资吗"问题的回答，"说不清楚"的占61.3%，"会"的占36.5%，"不会"的仅占2.2%；而对于"在引资方面，为了与其他地区相竞争，您所在的地区会采取哪些措施"的回答，大部分被调研对象都回答了"将采取用地、税收等方面的优惠措施"；而对于"您认为增加经济绩效是否是某些地方政府引进外资的目的之一"的回答，"是"的占38.1%，"否"的占54.6%；对于"您认为地方政府引进外资的主要目的还有哪些"的回答，回答"能够借助于引资晋升职务，获得政治上的升迁"的比例在12.6%；对于"您认为政府部门存在着将引资数额大小与职务升迁挂钩的想象吗？"的回答，"说不清楚"的占71.3%，"不存在"的占23.8%，"存在"仅占4.9%。综合上述问卷内容及回答，我们的结论是：第一，各地方普遍鼓励外资进入，对外资持欢迎态度；第二，在吸引外资方面，各地确实存在各种形式的竞争。尽管对于所在地区在吸引外资方面是否存在竞争，回答"说不清楚"的仍有一定比例，但考虑到许多被调研对象都提到了各地诸多的引进外资的优惠措施，再考虑到被调研对象存在没有说实话而仅以"说不清楚"的回答来掩盖自己心理的事实，各地在利用外资方面存在激烈竞争；第三，基于与第二点同样的缘由，各地存在将吸引外资与政绩挂钩现象。

3. 国有企业与民营企业均渴望引进外资

问卷第三部分分前后两大块内容,分别需要国有企业和民营企业回答。在国有企业回答的问题中:对于"您所在的企业能够从国内金融机构较顺利地获得资金支持吗"问题的回答,"能"的比例为 60.3%,"不能"的比例为 21.5%,"说不清楚"的比例为 18.2%;对于"您认为国有企业存在体制缺陷吗"问题的回答,"存在"的比例为 72.4%,"不存在"的比例为 9.2%,"说不清楚"的比例为 18.4%;在被问及"您认为国有企业的体制缺陷与国有企业引进外资之间有联系吗"时,"说不清楚"的占 68.4%,"有"的比例为 22.1%,"没有"的比例为 9.5%;而对于"您认为国有企业引进外资的原因有哪些"问题的回答,大部分被调研对象都认为,引进先进技术、管理经验等是国有企业引进外资的主要原因。在民营企业回答的问题中,对于"您认为民营企业存在体制缺陷吗"的回答,"存在"的比例达 84.5%,"不存在"的比例仅为 10.7%,"说不清楚"的比例为 4.8%;而对于"您认为民营企业的体制缺陷与民营企业引进外资之间有联系吗"问题的回答,"有"的比例达 73.8%,"没有"的比例为 3.4%,"说不清楚"的比例为 22.8%;在关于"您认为民营企业引进外资的原因有哪些"的问答中,回答"弥补资金不足"以及"为了突破国内存在的对民营企业的所有权歧视"的被调研对象居多。综上所述,我们可以得出如下结论:第一,国有企业能比较容易、顺利地从国内获得资金支持,但也乐于引进外资,可是,国有企业的制度缺陷也是显而易见的,但被调研对象尚不能认识国有企业制度不足与外资需求偏好之间的关系;第二,民营企业在国内存在融资难困境,同时也存在制度缺陷,所以,民营企业渴望通过引进外资弥补资金短缺和克服部分企业制度缺陷。

总之,从上述问卷调研结果的描述看,无论是政府的外资需求偏好,还是企业的外资需求偏好,其背后都折射了政府经济管理体制、企业制度和金融制度的某些不足,符合前文的理论与实证分析结论。

(二)典型案例

问卷调研尚不足以充分论证市场经济体制中存在不足与外资需求偏好之间的关系,因为问卷调研中或多或少包含着主观认识偏差问题,使得问卷不能完全反映客观实际。因此,为了进一步给理论与实证分析提供实践基础,需要选择相应的政府和企业作为案例,剖析其引资行为背后是否隐含着制度不足的动因。由于苏州是江苏省引进外资最多的城市,而苏锡常地区又是江苏经济最发达地区,因此,我们选择苏州市和苏锡常地区 1 家国有企业、2家民营企业为典型案例。

1. 典型政府引资行为案例

（1）典型地方政府引资行为案例

苏州是中国的历史文化名城和重要的风景旅游城市，是长江三角洲重要的中心城市之一，位于江苏省南部，东临上海，南接浙江，西抱太湖，北依长江，苏州的经济实力位居全国地级市之首。而在苏州的经济发展中，开放型经济是苏州经济发展的一大特色，而这其中，利用外资又最为典型。江苏是全国吸引 FDI 最多的身份，而苏州又是江苏省吸引 FDI 最多的市县，多年来一直位于江苏全省前列。2004～2015 年，苏州市实际利用 FDI 一直占江苏全省的 1/4 以上，平均比例为 32.59%（表 6-32，图 6-3）。

表 6-32　2004～2015 年苏州市 GDP、实际利用 FDI 一览表（单位：亿美元，%）

年份	苏州 GDP/亿美元	FDI（苏州）/亿美元	FDI（江苏）/亿美元	苏州/江苏（FDI）/%
2004	3 450	50.00	121.38	41.19
2005	4 027	60.05	123.80	48.51
2006	4 820	61.05	174.31	35.02
2007	5 700	71.64	218.92	32.72
2008	6 701	81.33	251.20	32.38
2009	7 740	82.26	253.23	32.48
2010	9 229	85.35	284.98	29.95
2011	10 500	89.12	321.32	27.73
2012	12 012	91.65	357.60	25.63
2013	13 015	86.98	332.60	26.15
2014	13 761	85.78	281.70	30.45
2015	14 500	70.2	242.8	28.90

资料来源：苏州市实际利用 FDI 来源于苏州市商务局网站，其他数据来源于苏州市统计调查公众网，全国的资料来源于联合国贸发会议网站以及中国商务部网站

苏州利用外资始于 20 世纪 80 年代，1984 年苏州成立了首家外商投资企业——苏旺你手套针织有限公司，随着苏州经济结构调整和建设步伐的加快，苏州利用 FDI 规模不断扩大，呈现了持续、稳定的发展态势。此后，外商直接投资已经成为拉动苏州经济增长的强大引擎之一。进入 21 世纪，FDI 对苏州经济增长和社会发展的影响尤为显著。张译匀（2008）以及代海燕（2008）的研究均表明，苏州利用 FDI 的增长对苏州经济发展具有显著的推动效应，外商直接投资不仅推动了苏州国内生产总值的增加，还带来了管理效仿、技术扩散和竞争压力引发的效率提高，也增加了苏州居民收入水平。根据表 6-32，我们制作了苏州市 GDP 与利用 FDI 走势图（图 6-3），

从图中来看，苏州市经济增长速度与实际利用 FDI 之间确实存在相关性。

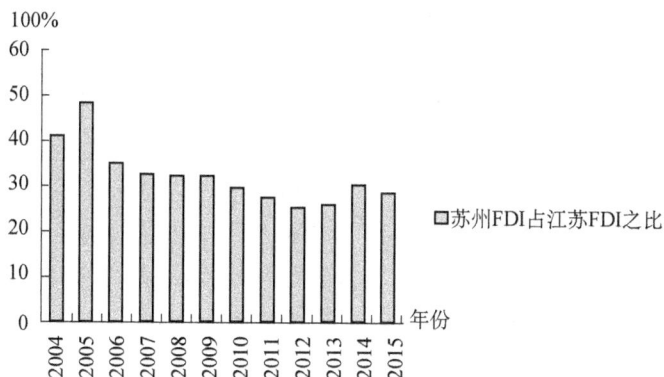

图 6-3　2004～2015 年苏州市 FDI 占江苏 GDP 之比

资料来源：表 6-32

苏州外向型经济发展中，地方政府主导经济发展的痕迹显著。苏州外向型经济是"强势政府下的区域经济样板……苏州在引进外资过程中，迅速提升政府效率，苏州现象现今已经是如日中天：从这里接连走出 3 个省长，市委书记是铁定的省委常委……正如江苏省委政策研究室总结的那样，强势政府是发展地方经济的 7 大特点之一"（宗永建，2005）。改革开放以来，从直接兴办和发展乡镇企业到主导产权制度改革、从开发区建设到招商引资、从城市化到城乡一体化、从培育和发展市场机制到规范市场秩序、从供给公共产品到制定和实施区域经济发展战略和政策，苏州地方政府都起着主导作用，苏州模式是以政府为主导，依赖外资及其技术、管理与商业渠道，以制造业为基础，靠外资以出口为导向进行工业化的经济增长模式。因此，结合实地调研以及既有文献，虽不能肯定 GDP 政绩驱动机制是苏州吸引外资迅速增长的重要原因，但是地方政府主导经济发展则一定是苏州外向型经济发展的重要原因。

（2）经济技术开发区引资现象

中国对外开放首先是通过在一些地区的试点而逐步推向全国的。1980 年的四大经济特区建立，1984 年的 14 个沿海开放城市以及 1990 年的浦东新区的设立，极大地促进了中国外向型经济发展。1992 年以后，形式各样、级别不同的工业园区（有时也称高新经济开发区、自由贸易区、出口加工区以及经济技术开发区等）在全国各地雨后春笋般发展起来。在这一轮对外开发过程中，国务院在全国范围内审批通过了数十个国家级经济技术开发区，较为著名的要数 1994 年建成的苏州工业园区。苏州工业园区于 1994

年 2 月经国务院批准设立，同年 5 月实施启动，行政区划面积 288 平方公里，其中，中新合作区 80 平方公里。2012 年，园区实现地区生产总值 1738 亿元，比上年增长 10.7%；公共财政预算收入 185 亿元，增长 12.6%；新增实际利用外资 19.6 亿美元，增长 1.3%；完成进出口总额 795 亿美元，增长 3.3%；完成全社会固定资产投资 740 亿元，增长 11.1%；实现社会消费品零售总额 242 亿元，增长 17%，初步展现现代化的总体形态。目前，园区以占苏州市 3.4%的土地、5.2%的人口创造了 15%左右的经济总量，并连续多年名列"中国城市最具竞争力开发区"榜首，综合发展指数位居国家级开发区第二位，在国家级高新区排名居全省第一位[①]，它们在各自的区域经济发展中起着十分重要的作用。平均来说，国家级工业园区的经济增长率大概为全国 GDP 增长率的 3 倍（科斯和王宁，2013）。而就苏州而言，截至 2013 年 12 月，除了苏州工业园区以外，还有包括吴江经济技术开发区、昆山国家高新技术产业开发区等 7 个国家级开发区，苏州相城经济开发区、常熟高新技术产业开发区等 6 个省级开发区。全国除了国家级工业园区外，还有数以千计的省市县级工业园区或经济技术开发区，从而使"工业园"现象成为中国一大特色。由于工业园区数目庞大，无处不在，相互之间存在激烈竞争，省与省之间、市与市之间、区与区之间、县与县之间甚至乡与乡之间都存在激烈竞争。就工业园区的引资包括引进外资来说，许多地区实行"配额制"，要求所在政府单位包括教育、环保部门必须完成一定的引资数量，并且将引资数量多少与职务升迁挂钩。由此可见，政府主导经济发展、主导引资行为的现象普遍存在。

2. 典型企业引资行为案例

（1）常柴股份有限公司

常柴股份有限公司是 1994 年 5 月 6 日由常州柴油机厂通过股份制改制创立的国有控股上市公司，原企业创建于 1913 年，有近百年的历史，是中国最早的生产小功率多缸柴油机和单缸柴油机的生产厂家。常柴股份有限公司则是全国农机行业及常州市第一家上市公司，目前同时拥有 A 股和 B 股。进入新世纪以来，公司着力进行产品结构的调整，致力于发展高速车用多缸柴油机、联合收割机及农用运输车辆、轻型载货卡车的生产，寻求与国内外知名大公司在产品、技术、资产重组、配套业务等多方面进行多

---

① 数据来源于苏州工业园区网站，http://www.sipac.gov.cn，2013-09-27。据商务部网站统计，截至 2016 年 3 月，中国国家级经济技术开发区共有 219 个。

种形式的合作。在常柴股份有限公司的股东结构中，根据 2012 年年报，国有股占 30.02%，外资股占 0.15%。由此看来，国有控股企业的融资结构中，吸引外资并不是它的主要融资方式，也就是说，通过国内资本市场或者间接的银行融资渠道，基本可以解决国有企业的融资问题，融资难现象在国有企业并不存在，而引进外资的目的无非就是改善国有企业的产权结构，使产权多元化，使公司能实现科学的治理结构，提高公司效益，减少公司的剩余损失。事实证明，改制以后包括引进外资股以后，公司业绩蒸蒸日上。仅就 2012 年来说，国内外形势复杂多变，经济高速增长趋势放缓，中国柴油机行业总体进入微增长时代。面对严峻形势，公司坚定信心，强化内部管理，依靠自身调整能力，及时抓住市场机遇，在产品结构调整、采购成本控制、内控体系建设和安全生产管理等方面取得了一定成效，基本实现了全年的经营目标。2012 年公司实现销售收入 29.56 亿元，同比下降 5.8%，出口创汇 4 550 万美元，实现净利润 5 543 万元，同比增长 4.88%。

（2）江苏澳洋科技股份有限公司

江苏澳洋科技股份有限公司成立于 2001 年，是江苏省知名的民营股份有限公司。公司属于化学纤维制造行业，主营业务范围为：粘胶纤维及粘胶纤维品、可降解纤维、功能性纤维制造、销售；纺织原料（皮棉除外）、纺织品、化工产品（农药、化肥、危险品除外）销售；房地产开发（取得相关资质后经营）；蒸汽热供应，电力生产；经营本企业自产产品及技术的出口业务和本企业所需的机械设备零配件、原辅材料及技术的进口业务等。公司于 2007 年 9 月向社会公开发行人民币普通股（A 股），并在深圳证券交易所上市交易。

从公司公布的 2011 年年报来看，公司的外资股份占整个公司总股份的 1.8%，位居公司十大股东的第四位。从公司 2012 年的资产负债表看，公司尽管有长期借款，2012 年年末为 2.0 亿，但是同其他外部融资形式的外资股份相比较而言，显然股份不能退股，而长短期借款则到期必须偿还，因此，吸引外资股份不仅能够保证资金的长期稳定使用，也在一定程度上解决了民营企业融资难的困境，并且外资的进入，对于改善民营企业的治理结构、拓宽经营视野等都有积极意义。

（3）江苏爱康太阳能科技股份有限公司

江苏爱康太阳能科技股份有限公司成立于 2006 年 3 月，是一家专注于光伏电力投资、运营、总包及光伏配件一站式供应的高新技术企业。经中国证券监督管理委员会证监许可,该公司于 2011 年 8 月 3 日采用网下向配售对象询价配售和网上向社会公众投资者定价发行相结合的方式,公开发行人民币普通股股票 5 000 万股,2011 年 8 月 15 日,公司股票在深圳证券交易所中小企业板挂牌上市。

从公司公布的 2011 年年报来看,公司的外资股占整个总股份的 25.33%,居公司第二大股东之位。从公司 2011 年的资产负债表来看,长期负债为 2.5 亿元,只占总股本的 9.28 亿元的 27%,这同外资所占的 25.33%差距不大。也就是说,国内融资并没有解决民营企业的资金难局面,通过引进外资不仅能在一定程度上解决诸如江苏爱康太阳能科技股份有限公司这样的民营企业融资难困境,也能给企业的治理结构、技术进步等带来较大的收益,所以,民营企业有外资需求偏好。

(三)结论

总的来说,问卷调研和案例分析得到了有关政府部门和一些企业的鼎力支持。但是由于本书主题的切入点稍具敏感性,尤其是具体到地方政府和企业时,有些地方政府和企业存在一定的顾虑,集中表现为不愿意说真话或者是不希望将自己的真实想法在问卷和访谈中表现出来,造成了问卷调研和案例访谈对象的有限性。但绝大多数被调研对象都比较真切地表达了自己的想法,调研结论、访谈结果以及案例企业具有代表性,符合理论及实证分析的结果,不失一般性。

第七章
减弱中国外资需求偏好的制度安排

改革开放以来中国经济发展实践表明，外资在发展对外贸易、推动产业和技术升级、促进就业、增加出口创汇、推动经济体制改革等方面发挥了重要作用，极大地促进了中国经济增长。2010 年 4 月中国国务院公布了《国务院关于进一步做好利用外资工作的若干意见》，为今后一个时期有效利用外资指明了方向。该意见强调，要提高利用外资质量，优化利用外资结构，促进利用外资方式转化，引导外资投资于中西部地区、优化投资环境。2015 年 5 月，国务院发布的《国务院关于加快培育外贸竞争新优势的若干意见》中指出，要稳定外商投资规模和速度，提高引进外资的质量。由此可见，稳定外资规模，避免盲目引进外资以及提高外资的质量将是中国今后利用外资工作的重点之一。鉴于社会主义市场经济体制中某些制度不足与外资需求偏好之间存在理论与实证关系，因此，提高利用外资的质量，减少资金数量扩张型外资引进，则有赖于通过制度变迁和制度互补，完善社会主义市场经济体制，确立富有效率的制度安排。

一、制度变迁与制度互补

"制度是一个社会的博弈规则，或者更规范地说，它们是一些人为设计的、塑造人们互动关系的约束"（North，1990）。或者，更一般地说，制度是约束人们行为的规范的总和。至于制度的分类，诺思（North，1990）认为，制度既包括正式的约束（如人为设计的规则），也包括非正式的约束（如惯例）。对于正式约束的制度，国内学者侯经川等（2006）将之分为两个部分，即规则安排和组织安排，前者是指规范经济主体行为、维持社会经济秩序的制度，后者指界定秩序规则和供给规则的"组织"，也就是规则的提供者；两者相辅相成，缺一不可。社会主义市场经济体制属于正式制度，政府和企业是该制度中最主要的两个"组织"，它们也是富有效率的制度安排的主要提供者。因此，社会主义市场经济体制的制度变迁和制度互补的主体主要是政府和企业，它们或单独提供或共同提供制度安排。

制度属于公共产品，它是由个人或组织生产出来的（制度供给）。由于人们的有限理性和资源稀缺性，制度供给是有限的、稀缺的，随着外界环境的变化或自身理性程度的提高，人们会不断提出新的制度需求，以实现预期增加的收益。当制度供给和需求基本均衡时，制度是稳定的；当现存制度不能使人们的需求满足时，就会发生制度变迁。因此，制度变迁的目的始终是追求富有效率的制度安排，从而使一方甚至双方的处境得到改善。那么，什么是富有效率的制度安排呢？在新制度经济学那里，富有效率的制度安排包括四个方面：第一，制度的普适性。也就是说，制度应该具有一般性（不针对具体事件）、明确性（实际可操作）和开放性。第二，制度设计合理。制度的设计合理主要指制度能够适应外界环境变化，并且能够改善当事人境遇、增加其收益，同时也能起到激励当事人的作用。第三，明确的制度实施机制。制度是一系列约束规则的总和，其作用的发挥还有赖于国家制定明确、完善的实施机制，以保证约束规则的具体落实，否则，制度便是一纸空文。第四，其他关联制度的完善程度。契约是嵌套于规则的科层结构之中的，如果不能重构一套更高层的规则（或违反一些行为规范），再协商或许就无法进行。也就是说，每项制度安排都必定内在地联结着其他制度安排，存在关联制度，它们共同"镶嵌"在制度结构中，所以，有效率的制度安排还取决于与之关联的制度安排。

从本书的研究内容看，构建减弱中国数量型外资需求偏好的富有效率的制度安排主要是指制度本身的设计合理以及与之关联的制度比较完善。因此，为了构建这样的制度安排，这里的制度变迁包括制度的自身变迁以及与之互补的制度变迁。

制度自身变迁是指在制度根本性质不变的前提下，制度中各种具体制度的微调、完善和创新，也称制度创新。从资源配置角度说，当现存经济制度的构成要素妨碍了资源有效、公平配置时，就会发生经济制度自身变迁。转型时期的中国，社会主义市场经济制度存在某些缺陷或不足是客观事实，它是造成中国外资需求偏好的重要原因之一，所以，通过社会主义市场经济制度自身变迁，完善该制度，是减弱中国数量型外资需求偏好的重要前提。

同制度自身的微调、完善相比，与该制度互补的制度变迁更为重要。一是互补制度之间互为对方经济绩效的影响变量。尤其是当制度之间存在层次差别时，非基础层次制度构成基础层次制度经济绩效的生成"装置"。二是互补制度之间可以相互弥补缺陷，取长补短。三是互补制度之间是一个有机联系的整体，它们之间相互影响、相互作用。所以，当某一制度变迁时，互补性制度的变迁不可避免，否则相互耦合的富有效率的制度体系便无法建立。因此，当一个制度变迁完成后，更要相应地推进其互补制度的变迁，形成制度间的良性互动关系，才能使这些制度追求的共同目标得以实现。青木昌彦（2001）认为，"当另外的域存在一种合适的制度时，本域只有一种制度富有生命力，反之亦然。我们将这种相互依赖称为制度互补性。互补的存在意味着富有活力的制度安排在结合不同域的制度意义上构成一种连贯的整体，任何单个制度在孤立情况下都不会轻易被改变或设计"。青木昌彦还证明了，"如果制度互补是存在的，那么，整体性制度安排有可能不是帕累托相互兼容的，或者说，一种也许比另一种帕累托效率低"。

鉴于中国社会主义市场经济制度中政府经济管理体制、国有企业制度、民营企业制度以及金融体制等制度中存在某些不足，它们是中国吸引外资的另一面；而且政府经济管理体制、国有企业制度、民营企业制度以及金融体制等又是社会主义市场经济体制的有机组成部分，它们相互联系、相互影响。因此，必须通过政府经济管理体制、国有企业制度、民营企业制度以及金融体制等制度变迁和制度互补，建立起富有效率的制度安排，从而减弱中国数量型外资需求偏好。

二、社会主义市场经济体制的制度变迁

独立的企业制度、有效的市场竞争、规范的政府职能、良好的社会信用和健全的法制基础，是完善的社会主义市场经济体制的五个特点（张军扩，2003）。自1978年改革开放以来，经过30多年的探索和实践，中国已经建立起社会主义市场经济体制基本框架，但与完善的社会主义市场经济体制的五个基本特点相比，还有较大差距。前文对中国外资需求偏好的制度供给机制的理论与实证分析中提到的政府经济管理体制、企业制度和金融体制等存在不足也证明了这一点。因此，减弱中国外资需求偏好、完

善社会主义市场经济体制的制度变迁，是向五个特点的进一步接近。这里的制度变迁主要包括政府经济管理体制、国有企业和民营企业制度、金融体制等制度变迁。

（一）政府经济管理体制的制度变迁

政府经济管理体制的核心是政府与市场关系，其实质是关于政府的权力、作用问题。诺思（North，1981）曾经说过，"国家的存在对于经济增长来说是必不可少的；但国家又是人为的经济衰退的根源。这一自相矛盾的情况，使得有关国家的研究成果对于经济史是至为重要的；国家模式应当是任何有关长期变化分析的一个明确的组成部分。然而，尽管在漫长的历史探索的过程中，历史学家和政治学家提出了各种关于国家的理论，经济学家们却向来不大注意这个问题"，这就是我们通常所说的"诺思悖论"。也就是说，国家的存在既有好处，也有不利之处，关键是如何制约国家权力。从减弱中国外资需求偏好、完善社会主义市场经济体制来看，制约国家权力，就是如何制约政府和政府官员的权力，减少政府对经济过度干预。

1. 明确政府界定和保护私有产权职能

新制度经济学认为，离开产权，人们很难对国家作出有效的分析，因为产权的本质是一种排他性的权力。所以，诺思说，国家理论关键的问题是解释逐渐由国家规定和强制实施的产权性质和解释强制实施的效力；最有趣的挑战是解释结构的变革和产权在这期间的实施。然而，朱巧玲、卢现详（2006）认为，国家能否提供有效的产权结构和有效的产权保护主要取决于三个条件：一是私有产权会对国家权力形成制约。私有产权制度的强化很大程度上在于限制政府的权力。其目的就是使一套综合性的规则体现在客观的法律结构中，这套规则不会因出现政治狂热和立法机构的变化而变化。二是政治市场。政治市场的效率是理解这一问题的关键。诺思（North，1990）认为，"倘若政治市场的交易费用不高，同时政治的参与者又有精确的模型作为指导，那么有效率的产权就会生发出来。然而政治市场的高额交易费用以及行为人的主观感知因素，似乎更容易产生那些无法引致经济成长的产权，而随之产生的组织则根本没有创造出一些更具生产性的经济规则的动力"。由于政治市场的交易成本比经济市场的交易成本高，因此，它的运转更没有效率。三是经济权力与法律权力的关系。在巴泽尔的分析框架里，经济权力是指由个体自发界定的权力，而法律权力是指由国家界定的权力。在巴泽尔看来，界定本身是有成本的，因此对一种资产要不要进行保护取决于对产权界定成本的权衡。

由此看来，从提高政府经济管理体制效率看，政府界定和保护产权需要着重做好如下三个方面工作：第一，在保持公有制主体地位前提下，鼓励和支持非公有制经济发展，使之形成对国家权力的制约。保持公有制经济主体地位条件下，大力鼓励和支持非公有制经济发展，创立和形成非公有制经济参与国家管理并对政府权力形成良好制约的氛围。第二，推进政治体制改革，依法提高政治市场的决策效率，消除政治寻租赖以产生的土壤，以更大的智慧和勇气推进政治体制改革，完善和发展中国特色社会主义制度，推进国家治理体系和治理能力现代化。国家治理体系和治理能力现代化能保证政府决策的科学性、民主性，从而减少政府过度干预资源配置现象，此时，政治寻租的空间将变得非常狭窄甚至消失。第三，加强法制建设，进一步让渡政府的经济权力，还权于市场，改变政府越位、缺位和失位现象。社会主义市场经济体制改革的本质是还权于市场。政府直接干预市场乃至替代市场，是计划经济体制的根本特征。社会主义市场经济体制的建立和完善，其核心内容之一就是让市场享有本该享有的权利，即还权于市场。但社会主义市场经济体制改革中，政府部门及其官员有时还习惯以计划经济体制的思维干预经济活动。为此，通过必要的法制建设，依法规范政府经济职能，能有效减少政府及其官员越位、缺位和失位现象。

2. 确立可操作性的制度性安排

在政府经济管理体制中，政府官员既可以在现存制度框架内专心承担管理经济、服务社会的功能，当然也可能会从规则制定者、立法者和政府机构中争取法律或规则的有利变动，通过政治寻租，以实现个人利益最大化。因此，当前的政府经济管理体制中，还需要确立更加具体的、可操作性制度安排，努力消除政治寻租等政府经济管理体制中存在的不足。具体来说：第一，建立制约政府偏向某一些特殊利益集团（如垄断集团）的制度安排。由于存在政府和政府中个人的利益诉求，所以，让政府和政府官员保持自身中立是很难的，必须建立制约政府偏向诸如垄断这样的特殊利益集团的制度安排。如增加部门法规和产业政策制定的透明度、开放度和竞争度，增加公共政策中公众的参与度的制度规定等。第二，以"善治"抑制垄断，促进竞争。过勇、胡鞍钢（2003）认为，改革开放以来，垄断行业的改革一直是市场化改革的边缘地带。在这些行业打破垄断、引入竞争成为社会共识。而抑制垄断、促进竞争的根本在于制度改革，制度改革的关键则是"要对国家在经济中的角色进行重新定位，核心目标是实现善治"。善治的思想包括两个方面：其一，建立开放公平的市场规则。2013

年 11 月中共十八届三中全会通过的《中共中央关于全面深化改革若干重大问题的决定》中指出，"实行统一的市场准入制度，在制定负面清单基础上，各类市场主体可依法平等进入清单之外领域。"通过非禁即可的制度规定，向市场主体开放市场，从而稀释市场的垄断"黏稠度"，提高市场竞争度。其二，建立广泛参与的决策制度。广泛参与意味着国家管理方式的一种根本性的变化，政府不再具有支配性的作用，而应该充分发挥市场机制和公民社会的力量，使他们充分参与到决策过程中。吸收"弱势利益集团"代表进入决策程序，广泛听取他们意见。不同的利益集团对政府及其官员的决策的影响是不一样的，如何让"弱势利益集团"得到扶持和发展，甚至在政府的决策中也有自己的"话语权"也是减少政府及其官员政治寻租的基本条件之一。这就需要建立能够代表不同利益集团的决策制度，尤其是增加"弱势利益集团"的决策比重。通过上述可操作性制度安排，方能尽可能地减弱政府对经济的干预，从而逐步减少乃至杜绝政府及其官员的政治寻租。

3. 建立法治化社会

法治，在制度上起始于法律对最高国家权力的限制。诚如洛克所论证的，法治的真实含义就是对一切政体下的权力都有所限制。诺思认为，发展中国家之所以落后其根源在于缺乏进入法治化社会的机会，换言之，缺乏对国家的制约是发展中国家落后的重要根源。但是，为什么有些国家进入法治化社会，有些国家又没有进入法治化社会？从制度经济学的角度来看，法治化社会的建立是一国正式制度完善的重要表现。科斯在《生产的制度结构》中指出，如果我们从零交易费用的世界中走向正交易费用的世界，在这个新世界中法律体系的至关重要的性质立刻清晰可见。按照诺思的分析，国家作为第三种当事人，能通过建立非人格化的立法和执法机构来降低交易费用。"交换的第三种形式是由第三方实施的非人际关系化交换。它是当代成功经济体的重要支撑，而在这些经济体中，包含着现代经济成长所不可或缺的复杂的契约远非理想、完美……这是因为，投机、欺诈，以及规避责任等的回报在复杂社会中也同步增长了。正因为这样，具有强制力的第三方才是不可或缺的"（North，1990），"但不管怎样，提供法律以及实施这些（半公共）物品也会带来些规模经济。因而，总收益应是增加的"（North，1990）。总的看来，按照诺思的观点，既然交换的基本规则已经确立，那么，只要存在法律机构，谈判和行使的费用会不断减少。在一国制度体系中，法律制度（或法治国家）起着重要的作用。国家作为第三方实施机制的有效性和权威性主要源于其法律制度及其法律的威慑作用。如果法律没有权威或在一个非法治的环境里，那么各种机会主义行为和违约行为会大大地增加，从而增加经济活动的交易费用。在人类的经济活动中，尽管大量的交易及其纠纷是通过"私了"（交易双方甚至非国家的第三方仲裁者）解决的，但是如果没有法律作为后盾，一些"私了"就不会进行。因为在法律没有权威或执法成本很高的情况下，在交易中处于不利的一方就会选择违约。法治既可以有效地保护产权，同时又可以大大地降低制度的实施成本。制度的效率不在于其设计的效率，而在于实施的效率。法治国家的交易费用要低于非法治国家的交易费用。有效的法律制度对于其他制度的实施提供了一种稳定的预期，在这种预期中，人们会预计到谁违约了，谁违规了，谁最终将会受到更严厉地处罚。许多制度的最终实施机制是在法律领域（如各种合同），但是更多的实施过程是在交易双方之间。许多合同的实施并没有经过法律，而是"私了"。从这个意义上讲，法律制度与所有的正式制度是一种互补关系。正式制度的有效性取决于法律制度的有效性。令人欣慰的是，中国政府一直致力于法治政府建设，力图以法制规范政府行为，使之回归理性。2013 年 11 月 12 日中共十八届三中全会通过的《中共中央关于全面深化改革若干重大问题的决定》指出，"必须切实转变政府职能，深化行政体制改革，创新行政管理方式，增强政府公信力和执行力，建设法治政府和服务型政府"；2014 年 10 月 23 日中共十八届四中全会通过的《中共中央关于全面推进依法治国若干重大问题的决定》中更是明确指出，"全面建成小康社会、实现中华民族伟大复兴的中国梦，全面深化改革、完善和发展中国特色社会主义制度，提高党的执政能力和执政水平，必须全面推进依法治国……全面推进依法治国，总目标是建设中国特色社会主义法治体系，建设社会主义法治国家。这就是，在中国共产党领导下，坚持中国特色社会主义制度，贯彻中国特色社会主义法治理论，形成完备的法律规范体系、高效的法治实施体系、严密的法治监督体系、有力的法治保障体系，形成完善的党内法规体系，坚持依法治国、依法执政、依法行政共同推进，坚持法治国家、法治政府、法治社会一体建设，实现科学立法、严格执法、公正司法、全民守法，促进国家治理体系和治理能力现代化"，这些方针、政策将是今后以法治方式处理政府与市场关系以建立法治化社会的新要求。

如何建立法治化社会，这是发展中国家和转型国家在建立有效制度体系和有效国家（经济管理）体制的关键。美国学者斯科特认为，已经有一些国家成功地建立了限制国家权力的政治制度。它们成功的关键就在于认识到"权力只有通过权力才能加以控制"这个理论，这一命题直接导致了以最广为人知的"制衡"原则为基础的宪法设计理论。在当今相当数量的国家中，存在公民对公共政策形成的广泛参与，而国家权力的行使也受到一种已经确立的宪政秩序的控制。以法治化为主线来建立正式制度体系既是新制度经济学要探讨的理论问题，也是发展中国家和转型国家发展战略的重要组成部分。哈贝马斯的公共领域理论表明，公民在公共领域的话语权及话语体系，是公权力合法性的基础。推而广之，重视公民参与公共政策和吸收公共舆论是法治型政府合法性的题中应有之义。而在我国社会主义民主政治体制中，国家权力机关、司法机关以及上级政府部门也承担着监督和制衡政府权力的职能。因此，建设法治化社会的前提是法律规章制度，核心是"制衡"。前者指建立法治化政府所必需的法律体系，政府、政党、社会团体、企事业单位、个人等必须依法行事，不得有超越法律范围的特权；后者指有效制衡国家公权力与社会公权力，在中国，这有赖于完善人民代表大会制度、推进司法和行政管理体制改革以及充分发挥私权利（如公民、社会舆论等）的监督作用。

只有建立法治社会，法治政府的建立才有可能。姜明安（2013）认为，建设法治社会是建设法治国家的条件，而法治国家又是法治政府建设的前提。就前者来说，只有加强法治社会的建设，才能为法治国家建设提供适宜的环境，才能为法治国家建设提供完善的制度机制，才能为法治国家建设不断注入动力、活力。就后者来说，因为法治政府必须是依法行政的政府，依法行政则必须有法可依；法治政府必须是依良法行政的政府，而良法的产生取决于法治国家的建设，取决于法治国家的科学立法、民主立法的机制；法治政府必须是权力受监督制约的责任政府，而政府权力的监督制约不能只来自政府内部，更有效的监督制约应来自外部；中国特色社会主义制度决定了中国共产党的领导在法治建设中的特殊作用。由此看来，只有建设了法治化社会，法治化政府的建立才有可能，从而就能规范政府行为尤其是公司化行为。

4. 依法规范政府干预经济职能

鉴于市场失灵的存在，市场经济制度并不排斥其互补制度——政府干预的作用。一些经济学家对政府干预经济持谨慎态度，认为它可能有较大的负面作用，并不主张政府过多干预。从亚当·斯密到新古典学派，再到理性预期学派和货币学派，都殊途同归地得出政府干预经济"弊大于利"的结论。但也有一些经济学家对政府干预持赞成观点，如凯恩斯学派从价格黏性的角度找到了政府干预经济的理由；经济学证明了在存在外部性和公共产品的情况下，市场机制可能无法达到最优。科斯定理也认为，在不考虑交易费用的情况下，只要私有产权界定清晰，各方才可以通过市场自由交易达到最优结果。

经济学家关于政府干预的争论，其实质不是否认政府干预的作用而是讨论政府干预程度大小。从制度变迁角度说，政府设计和实施法规以及管制条例，对基础层次性制度——市场制度安排的动态轨迹会产生一定的影响。一个有效和正式的政府存在有助于产生对减少市场失灵的稳定预期，从而提高资源配置效率。但与此同时，如果政府设计的治理安排和交易的秩序不相符合，政府的作用将大大受到限制。政府的有效性在于对市场的扶助、补充，而不是取代。所以，政府在市场经济制度中的作用可以理解为由基础层次制度——市场经济制度安排内决定，而不是相反。

为此，逐步消除地方政府公司化、地方市场分割以及政治寻租，完善政府经济管理体制，还需要在市场经济制度的主导下，针对当前政府越位、缺位和失位现象，变迁政府干预制度，即通过制定各种经济法规，依法实现政府对经济的内生辅助性干预作用，根除政府行使经济管理职能中的随意性，为逐步直至最终消除地方市场割据、地方政府公司化以及政治寻租等创造法制前提。政府经济管理体制中的政府依法干预体现为四个方面：首先，政府干预必须在法律规定的范围内进行。哈耶克说，政府的全部活动应该先确定并有公开规则的制约——这些规则能使人们明确地预见到特定情况下当局如何行使强制力，以便根据这些认知规划自己的行为。因此，政府只能在法律事先确认的范围内干预经济，而法无禁止即许可，从而最大限度地减少政府干预，还权给市场。其次，政府干预必须依据法律规定的程序进行。现代经济法十分关注程序的法治化建设，强调政府干预之程序化运作。它认为只有通过严格的程序限制政府干预，才能实现决策的科学化、民主化，避免政府干预负面作用的发生。因此，干预理念要求政府部门只有在政策内容及其手段清晰的前提下，存在一套论证政策可行性的详细程序与准则的条件下才能实行。再次，政府干预必须符合法律规定的方式。政府干预经济往往要综合运用多种手段，需要在运用法律、货币、财税、金融等通用手段的同时，兼用经济计划、产业外贸政策及必要的行政手段。但是为尊重市场的基础层次性调节作用，干预要求政府采取经济法所规定的法律手段，主要通过间接的宏观调控影响市场主体的经济行为，实现资源配置高效率和收入分配公平等。最后，承担干预失败的法律责任。政府干预目的在于纠正市场失灵，提高资源配置效率、促进收入分配公平等。干预失败非但不能达到上述目的，反而可能起到相反作用。因此，政府部门应当承担干预经济失败且造成严重后果的法律责任。

依法规范政府经济管理职能，不仅能使政府干预符合市场经济内在要求，也减少了政府干预经济的随意性，将来便不会再出现人为设定的、不符合市场经济发展规律的诸多行政审批环节，而且现有的各种行政审批项目也将逐步减少。

（二）企业制度变迁

我国国有企业改革是与改革开放基本同步进行的。从国有企业改革的历程看，可以分为三个阶段[①]：

1. 第一阶段（1978～1992年）：初步探索

国有企业改革起步于放权让利。1984年开始实行厂长（经理）责任制，并在大多数国有企业实行承包经营责任制，在一些小型国有企业实行租赁经营，同时在少数有条件的全民所有制大中型企业中开始股份制改造和企业集团化的改革试点。到1987年底，国有大中型企业普遍实行了承包制，同年，中共十三大肯定了股份制是企业财产的一种组织形式，试点可以继续实行。

2. 第二阶段（1993～2001年）：国有企业改革的制度创新

1992年10月，中共十四大明确指出，"我国经济体制改革的目标是建立社会主义市场经济体制……围绕社会主义市场经济体制的建立，加快经济改革步伐。"1993年11月，中共十四届三中全会通过的《中共中央关于建立社会主义市场经济体制若干问题的决定》中明确指出，"建立现代企业制度，是发展社会化大生产和市场经济的必然要求，是我国国有企业改革的方向。"现代企业制度的基本特征是产权清晰、权责明确、政企分开和管理科学。1994年，一些国有大中型企业开始了现代企业制度的试点，初步形成了企业法人治理结构；同时，积极探索通过破产、兼并方式建立国有企业优胜劣汰机制。1997年，试点现代企业制度改革的国有企业普遍进行了公司制改造。1995年9月中共十四届五中全会明确提出，"要通过存量资产的流动和重组，对国有企业实施战略性改组"。1997年9月中共十五大提出，"要从战略上调整国有经济布局"。对关系国民经济命脉的重要行业和关键领域，国有经济必须占支配地位。在其他领域，可以通过资产重组和结构调整，以加强重点，提高国有资产的整体质量。同年

---

① 关于"国有企业改革阶段"阐述，部分内容参阅了周天勇和夏徐迁撰写的《我国国有企业改革的历程》一文。

的中共十五届一中全会将国企改革的目标确定为在三年内在大多数国有企业初步建立起现代企业制度，并使大多数国有亏损企业走出困境。为了给国有企业解困，中央推出了多项政策，包括兼并重组、主辅分离及债转股等。1999 年 9 月的中共十五届四中全会提出，"国有大中型企业尤其是优势企业，宜于实行股份制的，要通过规范上市、中外合资和企业互相参股等形式，改为股份制企业，发展混合所有制经济，重要的企业由国家控股"。

　　3. 第三阶段（2002 年至今）：国有企业改革的纵深推进

　　2002 年 11 月，中共十六大提出，"建立中央政府和地方政府分别代表国家履行出资人职责，享有所有者权益，权利、义务和责任相统一，管资产和管人、管事相结合的国有资产管理体制"。中共十六大同时提出，"进一步探索公有制特别是国有制的多种有效实现形式……除极少数必须由国家独资经营的企业外，积极推行股份制，发展混合所有制经济"。2003 年 3 月，中央和地方国有资产监督管理委员会分别成立。2003 年 10 月的中共十六届三中全会提出，"积极推行公有制的多种有效实现形式……大力发展国有资本、集体资本和非公有资本等参股的混合所有制经济，实现投资主体多元化，使股份制成为公有制的主要实现形式……要建立健全国有资产管理和监督体制，深化国有企业改革，完善公司法人治理结构，加快推进和完善垄断行业改革"。2007 年 10 月，中共十七大提出，"深化国有企业公司制股份制改革，健全现代企业制度……以现代产权制度为基础，发展混合所有制经济"。2012 年 11 月，中共十八大提出，"推行公有制多种实现形式，深化国有企业改革，完善各类国有资产管理体制，推动国有资本更多投向关系国家安全和国民经济命脉的重要行业和关键领域，不断增强国有经济活力、控制力、影响力"。2013 年 11 月中共十八届三中全会通过的《中共中央关于全面深化改革若干重大问题的决定》，将"积极发展混合所有制经济"作为独立一节内容，进行了充分地论述。2015 年 9 月，中共中央、国务院印发了《关于深化国有企业改革的指导意见》，从改革的总体要求到分类推进国有企业改革、完善现代企业制度和国有资产管理体制、发展混合所有制经济、强化监督防止国有资产流失、加强和改进党对国有企业的领导、为国有企业改革创造良好环境条件等方面，提出了新时期国有企业改革的目标任务和重大举措。这是新时期指导和推进国有企业改革的纲领性文件。随后，国务院印发了《关于国有企业发展混合所有制经济的意见》，作为《关于深化国有企业改革的指导意见》的配套文件，明确了国有企业发展混合所有制经济的总体要求、核心思路、配套措施。

国有企业改革至今,取得了重大成就,但由于改革是一个逐步探索和完善的过程,当前国有企业制度与现代企业制度的基本要求还存在一定差距,这也是引发国有企业产生外资需求偏好的重要因素。

就民营经济而言,自 1982 年 9 月中共十二大提出"鼓励和支持劳动者个体经济作为公有制经济的必要的、有益的补充"以来,直至 2013 年 11 月中共十八届三中全会提出"支持非公有制经济健康发展",30 多年间,民营经济的规模和实力不断增强,"已经成为社会主义市场经济的重要组成部分,是发展生产力和完善社会主义市场经济体制的重要力量"[①],但民营企业依然存在家族制烙印显著、"两权模糊"、信息不对称等制度不足问题,它们阻碍了民营企业进一步发展,也是导致其产生外资需求偏好的重要原因。

因此,推进国有企业和民营企业制度变迁,既是社会主义市场经济体制中企业制度改革的需要,也是减弱中国数量型外资需求偏好,进而提高利用外资质量的需要。

1. 国有企业制度变迁

国有企业是公有制经济的主体,它的发展状况和前景直接关系到公有制经济的主体地位,这不仅是提高国有企业效率的经济问题,更是一个政治问题。2013 年 11 月 12 日中共十八届三中全会通过的《中共中央关于全面深化改革若干重大问题的决定》指出,"国有企业属于全民所有,是推进国家现代化、保障人民共同利益的重要力量"。从提高利用外资质量角度看,通过国有企业自身的制度变迁,深化国有企业制度改革,既是完善社会主义市场经济体制的内在要求,也是减少国有企业数量型外资需求偏好的重要途径。由于国有企业改革一直是围绕处理所有权和经营权关系进行的,产权改革是国有企业制度变迁的核心,而产权状况又影响着公司治理结构,因此,产权改革和治理结构的完善是国有企业制度变迁的重要内容。

(1)发展混合所有制,推进国有企业产权多元化

国有企业存在产权不清、资产专用性强以及剩余损失等制度不足问题,产权不清是关键,资产专用性以及剩余损失等或多或少地与产权制度不足有关。这再次说明,国有企业制度变迁的关键是产权制度改革。国有企业产权制度改革涉及理论和实践两个层面。

---

① 全国工商联主席王钦敏 2013 年 8 月 29 日在 2013 中国民营企业 500 强发布会上的讲话。

第一，理论上，厘清社会主义本质与国有企业之间的关系。

理论上澄清社会主义本质与国有企业之间有无必然联系，是推进国有企业产权制度改革的前提。邓小平曾经指出，社会主义的本质，是解放生产力，发展生产力，消灭剥削，消除两极分化，最终达到共同富裕。社会主义本质与公有制经济是否占主体地位没有多大关系。这里，我们并非要否认公有制经济的主体地位，而是认为，公有制经济的主体地位不只是量上的支配地位，更重要的是质上的主导地位，体现为控制关系国民经济的重要行业和关键领域。1999 年 9 月中共十五届四中全会通过的《中共中央关于国有企业改革和发展若干重大问题的决定》将涉及国家安全行业、自然垄断行业，提供重要公共产品和服务行业以及支柱产业、高新技术产业中的重要骨干企业作为重要行业与领域。鉴于一些自然垄断行业已经有非国有资本参股、服务业也将进一步对内和对外开放以及私人部门可以提供一些公共产品及服务的现实，可以将关系国民经济的重要行业和关键领域进一步缩小为涉及国家安全行业，公共安全、公共政策及公共秩序等公共产品、服务行业以及高新技术产业中的重要骨干企业。因此，推进国有企业产权制度改革，不能仅仅局限于效率低下、存在亏损的企业，还应当包括金融、石油、电力、铁路、电信、能源开发、公用事业、服务业等行业内的国有企业。总之，理论上，国有企业产权制度改革应当针对除国民经济重要行业和关键领域外的所有国有企业。

第二，实践上，积极发展混合所有制。

1999 年 9 月，中共十五届四中全会通过的《中共中央关于国有企业改革和发展若干重大问题的决定》，首次明确提出发展混合所有制经济。文件提出，"从战略上调整国有经济布局，要同产业结构的优化升级和所有制结构的调整完善结合起来，坚持有进有退，有所为有所不为，提高国有经济的控制力。国有经济要在关系国民经济命脉的重要行业和关键领域占支配地位，其他行业和领域，可以通过资产重组和结构调整，集中力量，加强重点，提高国有经济的整体素质。积极探索公有制的多种有效实现形式，大力发展股份制和混合所有制经济，重要企业由国家控股"。2002 年 11 月中共十六大提出，要深化国有企业改革，进一步探索公有制特别是国有制的多种有效实现形式，大力推进企业的体制、技术和管理创新。2003 年 10 月，中共十六届三中全会通过的《中共中央关于完善社会主义市场经济体制若干问题的决定》中更加明确地提出："积极推行公有制的多种有效实现形式，加快调整国有经济布局和结构。要适应经济市场化不断发展的趋势，进一步增强公有制经济的活力，大力发展国有资本、集体资本和非公有资本等参股的混合所有制经济，实现投资主体多元化，使股份制成为公有制的主要实现形式。"2007 年 10 月，中共十七大提出，"深化国有企业公司制股份制改革，健全现代企业制度，优化国有经济布局和结构，增强国有经济活力、控制力、影响力……以现代产权制度为基础，发展混合所有制经济"。2013 年 11 月 12 日中共十八届三中全会通过的《中共中央关于全面深化改革若干重大问题的决定》则指出，"允许更多国有经济和其他所有制经济发展成为混合所有制经济"。

从中共有关发展混合所有制的建议来看，建立混合所有制是当前国有企业产权制度改革的重要选项。混合所有制的建立，可以通过资产处置、引入职业经理人制度和战略投资者、整体上市、鼓励企业员工持股、吸引股权投资基金入股等方式实现。需要指出的是，不同领域国有企业的地位和作用不一样，因此，国有企业发展混合所有制不能一刀切，而应当区别对待。根据 2015 年国务院颁布的《国务院关于国有企业发展混合所有制经济的意见》，对主业处于关系国家安全、国民经济命脉的重要行业和关键领域、主要承担重大专项任务的商业类国有企业，要保持国有资本控股地位，支持非国有资本参股；对自然垄断行业，实行以政企分开、政资分开、特许经营、政府监管为主要内容的改革，根据不同行业特点实行网运分开、放开竞争性业务，促进公共资源配置市场化，同时加强分类依法监管，规范盈利模式；对于主业处于充分竞争行业和领域的商业类国有企业的混合所有制改革，按照市场化、国际化要求，积极引入其他国有资本或各类非国有资本实现股权多元化；而对于水电气热、公共交通、公共设施等公益类国有企业，根据不同业务特点，加强分类指导，鼓励非国有企业参与经营，政府要加强监管。

（2）建立各方利益关系人参与的公司治理结构

国有企业制度变迁最终目的是实现资源配置帕累托最优，它内含两点内容，即国有企业既要实现自身利益又要为社会做出贡献。国有企业、集体企业是公有制经济的主体，而一部分国有企业和绝大部分集体企业经营不善却是不争的事实[1]。以现代企业制度为改革目标的国有企业，旨在借助已经被西方国家经济发展实践证明行之有效的现代企业制度，提高国有企业的资源配置效率，而完善的公司治理结构则是现代企业制度的重要特征。

自 19 世纪末以来，现代企业制度一直是生产组织方式的主体，也是当

---

[1] 张志宏的研究发现，1998~2004 年，中国国有及国有控股工业企业中，亏损企业占全部国有及国有控股企业数的平均比例为 37%，即有近 40%的国有及国有控股工业企业处于亏损状态。

下中国经济体制改革所追求的目标。但是，现代企业制度产生于资本密集型企业，其生产组织方式是大型垂直一体化企业。20世纪90年代以来，针对现代企业制度与新技术发展的矛盾，以及企业与社会经济整体发展的矛盾，发达国家开始反思这个制度。第一，大型垂直一体化企业不适应生产信息化、模块化和消费个性化趋势；第二，垂直一体化企业的等级管理放大了企业管理的专制性，使经理滥用权力，损害了劳动者和其他企业参与者的利益；第三，大型企业占国内总产值的比重很高。它们以短期盈利为目标，不利于宏观经济的长期稳定发展。因此，发达国家正在进行以革新公司治理为主要内容的企业制度改革。经济合作与发展组织（Organization for Economic Co-operation and Development，OECD）把它称为微观经济改革，其要义是企业制度的改革要着眼于国民经济增长和社会发展。当前，在发达国家，无论是经济学家，还是企业管理者都认识到，现代企业制度生存了近百年，正面临被改造的命运（侯若石，2004）。从20世纪90年代以来的发达国家企业实践看，改革公司治理，强调企业对经济和社会发展的作用，才是制度创新。

早在20世纪30年代，美国就有经济学家认为，企业的私人产权只是一种资格，而社会要求企业保护劳动者和消费者的利益。近年来，突破股东治理结构的局限性，已经提上各国公司制度改革的日程，越来越多的公司实行企业的利益相关者治理方式：劳动者、消费者、企业所在地区的居民、贷款者和供应商都要参与公司治理。一些国家已经在公司法规定了企业的利益相关者在公司治理中的作用。在OECD制定的《公司治理指导原则》中，专门有一章规定了利益相关者参与公司治理的有关内容。

2013年11月12日中共十八届三中全会通过的《中共中央关于全面深化改革若干重大问题的决定》也指出，"国有企业属于全民所有，是推进国家现代化、保障人民共同利益的重要力量"。使企业的根本目标为广大劳动群众谋福利，也是资源配置高效率的内在要求。因此，国有企业、集体企业改革不仅要为资本利益服务，更要为劳动者和全社会服务。从这个意义上说，社会主义经济的基础不仅是产权的公有制，也是企业作为生产单位的社会性。新型企业制度应是所有者和经营者之间的委托代理关系同社会与企业之间的委托代理关系相结合，具体来说，新型企业制度应当是一个以有政府、企业、银行、相关企业、消费者甚至外资方等各方利益关系人参与的公司治理结构为主要内容的企业制度。这种融合了企业内外各方利益关系人的公司治理结构，不仅能够实现企业内部的相互监督和制衡，也能使企业兼顾自身和社会利益，从而有助于降低企业私人和社会成本，实现企业资本增值和社会利益的增加。

2. 民营企业制度变迁

民营经济是中国经济中最具生命力的组成部分，也是稳增长、调结构、促发展的重要力量。从 1982 年 9 月中共十二大提出"鼓励和支持劳动者个体经济作为公有制经济的必要的、有益的补充"开始，到 2002 年 11 月中共十六大明确提出"必须毫不动摇地鼓励、支持和引导非公有制经济发展"，再到 2012 年 11 月中共十八大报告指出"毫不动摇鼓励、支持、引导非公有制经济发展，保证各种所有制经济依法平等使用生产要素、公平参与市场竞争、同等受到法律保护"，直至 2013 年 11 月 12 日中共十八届三中全会通过的《中共中央关于全面深化改革若干重大问题的决定》指出"废除对非公有制经济各种形式的不合理规定，消除各种隐性壁垒，制定非公有制企业进入特许经营领域具体办法"，以民营经济为代表的非公有制经济的发展环境不断改善，它们在社会主义市场经济发展中发挥着重要作用。即便如此，民营经济当前还不能与国有经济同处一个相同的竞争环境，加之其自身的制度不足，使得中国民营经济始终不能做强做大。因此，民营经济要摆脱原地踏步的状态，除了有赖于外部政策法律环境不断改善外，更重要的是，必须通过制度变迁，逐步消除产权模糊、信息不对称等制度不足，这也是减弱中国数量型外资需求偏好的需要。

（1）摒弃故步自封观念，发展混合所有制

如前文所述，中国的民营企业主要是以家族制形式存在的，但家族内部成员的资金规模毕竟有限，不能完全满足企业迅速发展的需要。因而，从提高利用国内资金资源、减少数量型外资需求偏好看，要克服家族制企业资金规模有限的缺陷，在确保企业独立性和实际控制权下，家族制企业需要摒弃故步自封的传统观念，通过让渡一部分所有权的方式吸引国内其他民间甚至是国有经济投资者，发展混合所有制。"一家独大""一股独大"的民营经济已经无法适应国内外激烈的竞争环境。

（2）产权多元化，完善公司治理结构

不能吸引家族之外的投资者而实现投资主体的多元化，仅仅依赖企业初创时期的家族内部成员的投资，很难在家族制企业内部建立规范的法人治理结构。这就要求家族制企业具有海纳百川、自我革命的精神，通过吸纳外来管理骨干、技术骨干入股甚至无偿赠送给这些投资者一定的股份，让他们也成为企业的所有者之一，使企业由独资企业或家族投资企业变成绝对控股企业，经过进一步运作，甚至变成相对控股企业。这种做法既能拓宽家族制企业的融资范围，有利于企业的技术和管理进步，而且还能使企业产权结构得以发生变化，成为真正由多元投资主体投资所组成的企业，从而从根本上规范法人治理结构。

早在 1991 年，由英国的财务报告委员会、伦敦证券交易所等机构合作成立的公司治理委员会，也被称为凯伯里委员会，发表了《公司治理的财务方面》的报告，即所谓的凯伯里报告。该报告强调公司治理的外部人模式，强调外部非执行董事在内控和审计委员会中的关键角色，突出董事会的开放性、透明性、公正与责任。该报告提出的一系列原则和理念，已成为今天公司治理最佳做法的核心内容的一部分。1999 年 5 月，OECD 在总结市场经济国家的经验、重点分析所有权与经营权分离所导致的公司治理问题的基础上，通过了《OECD 公司治理原则》，其基本原则是：①公司治理结构应保护股东权利。②公司治理结构应确保所有股东，包括小股东和非国有股东享受平等待遇，如果他们的权利受到损害，应当有机会得到有效补偿。③公司治理结构应确认利益相关者的合法权利，并且鼓励公司和利害相关者为创造效益和工作机会以及为保持企业良好财务状况而积极地进行合作。④公司治理结构应保证及时准确地披露与公司有关的任何重大问题，包括财务状况、经营状况、所有权状况和公司治理状况的信息。⑤公司治理结构应确保董事会对公司的战略性指导和对管理人员的有效监督，并确保董事会对公司和股东负责。尽管公司治理结构没有统一的模式，但这些基本原则总结了良好的公司治理结构所必备的共同要素，得到了国际社会的普遍认同。从《OECD 公司治理原则》来看，确保所有股东权益的平等是规范的公司治理结构重要内容之一，它为在所有者和经营者之间形成一种相互制衡的机制创造了良好的条件。民营企业中家族股份"一股独大""内部人控制"容易造成决策失误，因为它缺乏适当的制衡，而股权分散的公司治理结构中，股东之间基于利益的需要，能够在相互之间形成相互制衡的机制，保证企业能够以利益相关者的最佳利益行事，从而提高公司竞争力。

（3）明晰家族内部或成员之间产权

前文已经表明，家庭或家族制民营企业，产权在家庭或家族之间有界定，但在家庭或家族内部、自然人之间并无严格界定；部分民营企业内部成员之间的产权并不明晰，企业内部并没有划分大小股东之间的权责界限，用于实现权力制衡的股东大会、董事会等组织机构不存在或者即使存在也是一种形式，其职能由大股东一手控制，难以发挥其应有作用。因此，即便是在没有外来投资者的、完全由家族成员投资的民营企业内部，其家族内部或家庭成员之间也应该按照股权大小明确股东或产权；家族之间或家庭成员之间也应当按照股份大小明确权责。当然，要使上述产权或权责得到进一步明晰，有条件的家族制企业需要严格按照现代股份有限公司模式建立规范的公司治理结构，建成现代企业制度，这是在民营企业内部进一步明晰产权的前提。

（4）构建科层制管理机构，通过市场选择经营者

民营企业内部的所有权与经营权没有真正意义上的分离，不仅有限责任公司如此，即使是股份有限公司甚至上市公司仍然如此。民营企业在重要岗位上都由家人料理，即便聘请了职业经理人的民营企业，多数也不成功，甚至有的经理人损害公司的利益。为此，需要在民营企业内部建立科层制管理机构并通过市场选择经营者。

首先，建立科层制管理机构，实行经营权和所有权明确分离，产权经营者向产权所有者负责。产权所有者负责企业重大发展战略和内部运行规划的制定、监督，而不干预企业的日常经营管理；产权经营者的主要任务是使企业资产增值，为所有者创造更多的剩余价值。为此，要建立和完善董事会制度，其组成人员除出资人和企业部分高层管理人员外，应注意吸纳外部董事参加，企业的外部董事一般应有技术专家、管理专家、法律专家、市场营销专家等。这样，董事会成员可以在知识上互相弥补、智慧上互相碰撞、信息上互相补充，以提高决策的质量，并使决策具有权威性，从而改变过去家族制企业决策上的随意性。其次，形成通过市场选择经营者的机制。这是冲破家族化管理重围的重要一步，为此，必须尽快建立公开、平等的选拔机制。

（三）金融体制的制度变迁

由于历史、经济发展以及体制改革积淀等因素的存在，发展中国家普遍存在金融压制现状，因此，肖（Shaw，1973）就认为，发展中国家金融深化的重点是金融市场的完善，如果发展中国家能够积极推进金融深化，就完全可以依赖国内资金促进经济发展，而不必依赖国外部门的储蓄。正如麦金农（Mckinnon，1973）指出的，发展中国家由于经济分割使市场不完全，从而导致金融萎缩，加上政府的人为干预和低利率政策，金融增长过程变得十分艰难。它极大地影响了发展中国家的国内资金资源配置。为此，减弱中国数量型外资需求偏好，必须推进金融体制变迁，深化国有商业银行改革，在全国建立一个开放、竞争且富有效率的金融体系，从而形

成完善的储蓄与投资机制，促进国内储蓄向投资有效转化。

1. 国有股转为可转换优先股，推进国有银行商业化改革

青木昌彦（2001）认为，某项政策变动的主要目的是改变参与人决策的方向，但政策的变化通过互补性与参与人决策之间的相互强化作用最终可能导致意想不到的整体性制度变迁。

中国国有银行体制设立的初衷之一是支持和发展国有经济，但随着经济的不断发展，国有商业银行缺乏效率的弊端不断暴露。更重要的是，随着民营金融的出现和外资金融机构的逐步进入，一些国有商业银行效率低下弊端就更加显著了。孙世重（2013）认为，自生能力和内在约束不足是银行治理低效的集中反映。事实上，当今国有商业银行的行为表现与市场化改革目标还有很大差距：一方面，现代金融企业制度尚未真正确立、显效，公司治理缺陷日益突出；另一方面，银行经营发展方式依然粗放，自我约束不强，对风险的管控能力偏低。这两个方面的问题同时也意味着靠外部力量推动银行改革发展的边际效率正在迅速下降。治理结构上的问题依然是来源于产权问题，没有产权的彻底改革，没有股东性质和结构的优化，就不可能有真正意义上的商业银行。当然，国有商业银行经过多次改革直至一些选择上市，它们在产权安排上是清晰的，在股东结构上是多元的，但政府主导银行的实质没有根本改变，多重委托代理关系进一步弱化了银行治理的有效性。国有和准国有产权的性质决定了中国商业银行在经营管理方面始终存在多重委托代理关系。国家控股和党管干部，在许多经济学家看来对公司治理造成相当大的制约。

所以，推进国有商业银行的产权改革是促使其商业化的必要途径，也是关键之所在。关于这一点，目前理论界主要有实践和理论两条路径：其一是直接减持国有股，像苏联那样把国有性质的股权全部或大部转让出去，但这在中国目前有诸多思想、政治和现实障碍，可操作空间不大；其二是股转债，即像张维迎（1995）所主张的，"目前有关国有企业改革的一种主导思路是让国家变成股东，行使所有者的职能。而我的观点是，让国家变成债权人而不是股东也许更为有效，对国家本身也更为有利……当国家作为债权人领取固定收入时……国家无须从事费力的监督工作，而把这项工作留给其他资本所有者（股东）……只要企业的总负债比不越过临界值，国家作为资本所有者是可以旱涝保收的。"换言之，就是将股权转为债权，通过收取固定利息来实现国有资产保值增值，但这需要几乎完全放弃对银行的控制权，可行性也不大。我们认为，孙世重（2013）所提出的将银行

的国有性质股权有条件转化为可转换优先股的方式比较可行，这样既不用改变所有制性质，又可以减轻国家的经营负担并实现保值增值，同时还不失去最终的控制权。当然，正如孙世重（2013）所说，此项制度变迁还需要具备其他条件：第一，在综合论证的基础上，同时修改公司法引入优先股制度，对国有优先股权的转换权限、条件、期限、内容及手续给出明确界定，并据以对商业银行的公司章程等内容进行修正；第二，将各级政府和国有企业持有的银行普通股，依法逐步或一次性改造为可转换优先股；第三，由持有普通股的法人和自然人股东行使完整意义上的银行控制权，并根据实际情况自主变革和完善法人治理；第四，政府变直接治理为相机治理，即通过法律界定和制度安排，在国家认为适当或必要的时机，按照法定条件与程序将优先股转化为普通股，从而直接介入银行治理并行使控制权。

2. 发展非国有金融机构，促进竞争性金融体系形成

中国当前的金融体制呈现的格局是国有银行垄断全国金融体系的局面，非国有金融机构不仅规模小、数量少而且大多依附于政府。国有和非国有金融机构发展不平衡，不仅难以满足非公有制经济发展需要，致使民营经济产生外资需求偏好；更重要的是，也难以促进全国竞争性金融体系的形成。

据中国银监会网站统计数据，截至 2016 年 3 月，中国共有 12 家股份制银行、141 家城市商业银行，另外还有大量的农村商业银行、农村信用合作社、农村合作银行以及一些新型农村金融机构。尽管股份制银行、城市商业银行等"名义"上的民营银行发展迅速，但基本上还是国家控股，真正的民营银行只有民生银行，但实际上政府对民生银行也有控制，如人员的任用，没有政府的同意，不能够变更。股份制银行和地方城市商业银行的主要股东基本上是各级政府或有国有背景的企业。如，截至 2011 年年末，华夏银行第一大股东为首钢总公司，持股 20.28%；兴业银行第一大股东是福建省财政厅，持股 21.03%；浦发银行第一大股东是中国移动广东有限公司，持股 20%；南京银行第一大股东是南京紫金投资控股有限责任公司，持股 13.42%。此外，农村信用社还突出存在股东权属不清、结构不合理甚至似是而非的问题，并天生伴有产权不清晰、产权主体虚置、产权边界模糊、产权约束弱化等问题；政府运用经营者选择权即对各类银行机构的董事长、行长、监事长等的任免或掌控，很大程度上左右了银行的治理，经常以行政导向直接干预银行经营，银行也习惯于将满足政府偏好作为其重要目标，国家则因此对风险承担了事实上的无限责任。

　　而就外资银行来说,据中国银监会网站统计数据,截至 2011 年 9 月末,外国银行在华已设立 39 家外资法人银行,下设 247 家分行及附属机构、1家外资财务公司、93 家外国银行分行和 207 家代表处。与加入世界贸易组织前比,外资银行分行数增加了 175 家,支行数则从 6 家增加到 380 家,外资法人银行数已是加入世界贸易组织前的 3 倍,其资产占外资银行整体份额从加入世界贸易组织前的 5.24% 跃升至 87.66%,存款份额更高达95.56%,其中,排名前五的外资法人银行资产均超过千亿元,达到全国性股份制商业银行水平。外资银行网点布局范围广阔,已经逐步深入内陆省份及二、三线城市,除西藏、甘肃、青海和宁夏外,外资银行已在全国其他省(自治区/直辖市)的 48 个城市设立营业网点,比加入世界贸易组织前增加了 28 个城市,填补了 12 个省区的空白;不仅如此,外资银行经营基本面健康,目前资产质量良好,不良贷款率为 0.41%,低于全国银行业平均水平。尽管外资银行在中国取得了很大的发展,但是面临的问题也很多。比如,相对于国有商业银行和国内城市商业银行、股份制银行而言,分行数量少以及网点少,面向普通社会公众的人民币存贷款业务、中间业务等没有全面开放,等等。2013 年中国一跃成为世界第一贸易大国,2014年又成为世界上吸收 FDI 最多的国家,随之而来的是外资银行不断前往中国拓展业务。截至 2014 年年底,共有 50 多个国家和地区的银行在华设立外资法人机构、外国银行分行和代表处。而截至 2016 年 3 月初,在华外资银行法人单位已增加至 46 家。

　　因此,建立富有效率的国内金融体系,还必须大力鼓励非国有金融机构发展,促进国内金融机构的有序竞争。从促进国内储蓄向投资有效转化、提高国内资金资源配置效率进而减少数量型外资需求偏好来说,可以采取以下"三位一体"措施发展非国有金融机构:首先,尽快落实民间资本设立中小金融机构的政策承诺。2013 年 11 月 12 日中共十八届三中全会通过的《中共中央关于全面深化改革若干重大问题的决定》指出,"扩大金融业对内对外开放,在加强监管前提下,允许具备条件的民间资本依法发起设立中小型银行等金融机构"。民营金融机构与国有金融机构相比具有治理结构完善、无历史包袱且不受政府直接干预等优点,它们的发展壮大势必能够促进国内金融机构的有序竞争,因此需要尽快从时间层面上落实鼓励有条件的民间资本设立中小金融机构承诺。2015 年 6 月,第一批试点的5 家民营银行,即深圳前海微众银行、上海华瑞银行、温州民商银行、天津金城银行、浙江网商银行已全部开业，总体运行平稳。民营银行的设立和运用探索，将逐步改变国有金融机构主导金融体系的局面，也将对民营企业的融资产生经济影响，从而最终推动中国银行业的转型。其次，鼓励民间资本参股国有和外资金融机构。2013 年 9 月 29 日成立的中国（上海）自由贸易试验区内将试点符合条件的民营资本参股于中、外资金融机构并在区内设立中外合资银行。国有金融机构有着民营金融机构不可比拟的资金、网点和业务优势，而外资金融机构却有着国内金融机构不可比拟的资金、业务和管理优势。民间资本参股国有金融机构，能够改善国有金融机构产权结构，提高其资源配置效率，而民营资本参与外资金融机构，能使之学习、借鉴外资金融机构管理制度和金融产品的业务设置，为民间资本独立设立金融机构积累经验。再次，推进现有的非国有金融机构商业化改革。鼓励非国有金融机构发展，不只是允许民间资本设立金融机构，更要推进现存的具有政府背景的股份制银行和城市商业银行的商业化改革，还应推动现有的国内所谓"非国有"金融机构商业化改革。具体措施是，逐步减少政府在股份制银行和城市商业银行中的股权比重，实现政府参股而不控股，甚至全部转让政府股权，使股份制银行和城市商业银行成为真正的民营银行。

三、社会主义市场经济体制的制度互补

在存在制度互补的条件下，跨域的均衡制度安排可能是次优的，因而帕累托低劣的整体制度安排有可能出现和延误。为了改变帕累托低劣的制度安排，需要改变互补性制度或者需要改变某一域的制度，然后通过互补性关系产生连锁反应。所以，仅仅有金融体制变迁、企业制度变迁以及政府经济管理体制变迁，不足以整体推进社会主义市场经济体制改革，还必须辅之以与金融体制、企业制度以及政府经济管理体制相关的其他制度变迁——制度互补。

（一）政府经济管理体制的制度互补

地方政府公司化、地方市场分割以及政治寻租等政府经济管理体制中存在的不足，其根源与中央和地方"分权制改革"模式下的 GDP 政绩考核机制密切相关。

如前文，地方市场分割源于分权体制，不仅如此，地方政府公司化和

政治寻租其实都与分权制密切相关。财政分权体制下，地方政府有激励直接参与本地区经济活动。相对于地方的经济活动总量来说，政府的财政收支比重越大，地方政府越是有激励通过分割市场来对本地企业进行支持与保护。而社会主义市场经济中，政府经济管理体制中存在的地方政府公司化、地方市场分割以及政治寻租表明，中国经济实际上为地方政府主导型市场经济。因为地方政府偏好地方利用，所以，中央政府在推行分权制改革过程中常常会引发上述政府经济管理体制中的问题。

中国政府从 1980 年开始推行重要分权进程的政策，而受蒂布特（Tiebout，1956）的经典论文《地方支出的纯粹理论》思想影响，国内众多学者接受了蒂布特的"用脚投票"公共选择模式，认为分权体制是地方竞争的必要条件，可以促进地方政府的效率提升（笔者注：其实地方政府的效率就是地方政府的 GDP 指标），有利于经济发展。林毅夫等（2004）强调，中国的地方保护和市场分割，很大程度上是重工业优先发展的赶超战略，这是分权式改革的逻辑延伸。

改革开放以来，中央与地方实行分权，这对提高经济运行效率起到了重要作用，但由于分权在很大程度上首先是政府内部的权力转移，其次才是政府向企业、市场和社会的还权。政府职能并没有得到很好的改革，其结果是行政垄断权的大而化小，政策资源仍然超越市场资源，成为主导地方经济发展的强势资源。地方政府的偏好是局部利益，使政策资源呈现内敛性，不同行政区划间为争夺优势政策资源而相互抵制，在没有相应"秩序"规范情况下，势必出现不合作的"诸侯经济"现象。林毅夫等（2004）也认为分权式改革后的地方政府更具干预经济的行政力量，这又加剧了市场分割的程度。

分权模式的逻辑结果是地方政府不断陷入以片面追求经济总量为重心的往复循环：地方经济总量→地方财政收支→地方政府刺激、干预和保护地方经济→地方经济总量→……追求地方经济总量始终是循环中具有决定意义的环节。而为了追求地方经济绩效最大化，地方政府可能更具公司化色彩，更具地方保护主义，也更热衷于政治寻租，负面效应暴露无遗。

为了避免"分权制改革"产生负面效应，政府必须最终向市场、企业和社会还权而不是政府内部的权利转移。也就是说，"分权制改革"最终还是要回到弱化政府的经济管理职能、强化政府的社会服务功能的轨道上来。而要实现政府管理职能的重大转变，一个重要的前提是改变单纯的GDP政绩考核机制。其实，"分权制改革"下，长期以来地方政府的政绩评估指标主要是围绕 GDP 增速、投资规模和财政税收等反映经济数量和增长速度的指标，这是单一、片面、只重数量的考核体系，造成了地方政府在经济社会发展中的"唯 GDP 论英雄"惯性管理经济模式。一方面，地方领导干部为了能够实现政治上的晋升，就必须在各地的 GDP 竞争中崭露头角直至脱颖而出；另一方面，为了增大各地的 GDP 进而增加本地的财政收入，地方政府将通过各种手段直接干预经济，刺激经济增长，而这其中，引进外资是短期内迅速提升各地 GDP 实力的名利双收的便捷途径，各地因此而引发的竞争甚至分割也就不足为怪了。单纯追求 GDP 政绩的结果是，各地均忽视了高新技术产业发展、就业、社会会保障、节能环保、居民收入增长、人民健康、公共服务、社会管理、市场监督等社会发展、民生改善及服务功能。习近平同志在 2013 年 6 月 28 日至 29 日的全国组织工作会议上强调，"要改进考核方法手段，既看发展又看基础，既看显绩又看潜绩，把民生改善、社会进步、生态效益等指标和实绩作为重要考核内容，再也不能简单以国内生产总值增长率来论英雄"。2013 年 11 月 4 日，党中央的群众路线教育实践活动领导小组印发的《关于开展"四风"突出问题专项整治和加强制度建设的通知》中更是首次以文件的形式明确指出，"坚决叫停违背科学发展、盲目铺摊子上项目的行为，坚决查处制造假情况、假数字、假典型、虚报工作业绩的问题，坚决纠正唯国内生产总值用干部问题"。2013 年 11 月 12 日中共十八届三中全会通过的《中共中央关于全面深化改革若干重大问题的决定》中也指出，"完善发展成果考核评价体系，纠正单纯以经济增长速度评定政绩的偏向，加大资源消耗、环境损害、生态效益、产能过剩、科技创新、安全生产、新增债务等指标的权重，更加重视劳动就业、居民收入、社会保障、人民健康状况"。为此，转变政府经济管理职能，就需要建立以高新技术产业发展、就业、社会保障、人民健康、资源节约、环境保护、社会进步、基本公共服务和社会管理等为主，GDP 为辅的新型综合评价考核体系，弱化单纯的 GDP 政绩观，彻底纠正唯 GDP 论英雄。2013 年 12 月，中组部印发的《关于改进地方党政领导班子和领导干部政绩考核工作的通知》中提出，地方党政领导班子和领导干部的年度考核、目标责任考核、绩效考核、任职考察、换届考察以及其他考核考察，要看全面工作，看经济、政治、文化、社会、生态文明建设和党的建设的实际成效，看解决自身发展中突出矛盾和问题的成效，不能仅仅把地区生产总值及增长率作为考核评价政绩的主要指标，不能搞地区生产总值及增长率排名。

　　政府向社会、企业和市场转移权力的分权制改革，是回归市场经济的本来面貌，也是政府经济管理体制改革的必然，此为治本。但与此同时，必须改革政绩考核机制，更加重视社会发展、民生改善和政府服务功能，弱化 GDP 权重，即建立以社会发展、民生改善和强化服务为主，以 GDP 为辅的新型政绩考核机制，此乃治标。标本兼治，方能切实减少政府对经济的过度干预，从而真正建立起市场型政府。

（二）金融领域的制度互补

金融抑制是转型国家或发展中国家金融体系低效率的重要原因。动员国内储蓄资源并使之有效转化为投资，是富有效率的国内金融体系的主要功能。因此，金融体制改革不能仅仅局限于改变国有银行垄断全国金融体制格局、促进金融领域有序竞争，还需要深化金融市场其他领域改革。

1. 培育金融市场在金融交易域的互补性技能

当前中国正在进行的国有商业银行各种商业化改革还远远不足以建立一个市场导向型的公司治理结构。为了使公司控制市场制度化，还应当在如下领域具备或在金融交易域培育足够的互补性技能，如投资银行、证券分析和评级、基金管理和市场套利、公司重组、市场规制以及合同的司法实施等。不仅如此，对于金融工具的改革、发展，在继续完善和发展股票、债券市场和各类投资基金的同时，还应当在金融市场交易域逐步推广期权、期货交易以及货币、利率、汇率掉期和互换交易等，发挥金融工具在金融市场域的融资和分配金融资源功能。

（1）进一步完善和发展以股票和债券市场为代表的资本市场

从减少中国数量型外资需求偏好角度看，完善的股票、债券等资本市场是直接配置国内资金资源的重要途径，它们不仅能够聚集社会上分散的资金资源，做到聚少成多，而且像股票融资能为资金短缺的企业提供长期稳定的资金支持；更重要的是，股份公司还拥有比较完善的公司治理结构，这有助于推进国有企业、民营企业的产权改革，促进企业制度改革。从表 7-1 来看，中国经济的证券化比率不仅低于美国、英国、日本等发达国家，也低于印尼、印度、墨西哥等发展中国家。所以，发展股票、债券等资本市场，提高直接融资比重，不仅有助于促进国内储蓄向投资的有效转化，而且能减少企业和政府数量型外资需求偏好。为此，政府需要从规范证券市场上市公司及券商行为以及提高证券监管机构的监管水平等方面完善中国资本市场。

表7-1　2003～2012年中国与部分国家经济证券化比率　　（单位：%）

国家	2003年	2004年	2005年	2006年	2007年	2008年	2009年	2010年	2011年	2012年
阿根廷	30.04	30.32	33.56	37.25	33.24	16.01	15.93	17.33	9.77	7.28
澳大利亚	124.99	126.14	115.45	146.15	151.5	63.64	136.17	128.54	87.34	84.6
巴西	42.46	49.77	53.8	65.3	100.32	35.66	71.98	72.12	49.62	54.6
德国	44.52	43.81	44.15	56.42	63.35	30.58	39.34	43.87	33.17	43.72
韩国	51.2	59.37	85.01	87.75	107.09	53.11	100.29	107.32	89.08	104.5
俄罗斯联邦	53.63	45.34	71.8	106.79	115.64	23.91	70.46	67.53	42.87	43.41
法国	75.66	75.84	82.32	107.66	107.31	52.7	75.28	75.58	56.57	69.78
加拿大	103.24	118.67	130.62	133.01	153.54	66.7	125.67	136.98	109.82	110.69
墨西哥	17.5	22.63	28.17	36.58	38.39	21.25	38.6	43.86	35.37	44.57
美国	128.65	138.36	135.07	145.9	142.87	82.55	108.75	118.63	103.62	119.02
南非	159.16	207.92	228.85	273.95	291.28	179.38	249.04	278.53	209.61	159.33
日本	70.66	79	103.6	108.48	102.23	66.41	67.09	74.7	60.35	61.76
沙特阿拉伯	73.31	122.33	204.74	91.65	133.83	51.72	84.62	78.4	58.75	52.51
土耳其	22.57	25.07	33.45	30.59	44.28	16.15	36.73	41.94	26.11	39.12
英国	132.24	127.91	134.1	155.21	137.17	70.26	128.79	137.97	49.43	123.99
印度尼西亚	23.28	28.52	28.48	38.1	48.98	19.36	33.02	50.9	46.07	45.18
印度	45.19	53.75	66.3	86.28	146.86	52.73	86.64	95.94	54.94	68.6
意大利	40.6	45.49	44.68	54.81	50.43	22.57	15.03	15.57	19.66	23.86
中国	41.51	33.12	34.59	89.43	178.2	61.78	100.33	80.31	46.31	44.24

资料来源：世界银行网站全球宏观经济数据库，http://data.worldbank.org.cn/use-our-data。

（2）促进金融机构创新

目前中国已形成了以中央银行、银监会为主导，由商业银行、政策性银行及各非银行金融机构参与的金融体系，但是该体系中，金融机构发展不均衡，证券公司、保险公司、信托公司、投资公司、证券分析和评级公司、基金管理公司等非银行金融机构发展相对落后。中国银监会2016年1月24日公布的数据显示，截至2015年末，中国银行业金融机构的总资产达到199.3万亿。但是，我国非银行业金融机构，如证券、基金、保险等行业金融资产总额一般仅占银行业金融机构资产的10%左右。为此，推进金融机构创新，还应致力于发展各类基金公司、投资公司等非银行性金融机构，培育长期投资理念，为金融市场稳定与繁荣提供微观基础。

（3）审慎推进金融工具创新

金融工具的多样化不仅可以丰富金融市场的深度和广度，为不同风险偏好的投资者提供合适的金融产品，还可以增强金融市场的弹性，减缓因金融产品同质性而导致的"羊群效应"。比如，在金融期货市场可以优先发展远期、期货、期权、互换四种最基础的金融产品；在金融现货市场，优先发展外汇类的衍生金融工具，如远期结售汇、外汇期货等，至于股票和国债类衍生金融工具，由于受利率影响比较大，需要等到利率市场化取得进展才能发展，但当下可以优先考虑健全反映市场供求关系的国债收益率曲线，为利率市场化打好基础，大力推进股票指数期货，因为中国股市经过 20 多年的发展已初具规模，投资者逐渐理性，市场监管日益规范和完善，股票指数的编制也日趋合理，推出股指期货条件已经成熟，审慎发展金融远期交易，在此基础上尝试发展金融互换业务。

2. 适当改变利率参数

制度经济学的动能定理表明，制度相关参数会以互补方式发生变化。但在整体性制度安排的宏观层次上，制度相关参数如法律、政府管制、政府政策导向等变动的方向并不必然是互补关系。因此，在金融体制变迁过程中需要适当改变一些参数如政府的利率管制、人民币的自由可兑换等。优化国内金融机构资源配置效率、创新金融工具以及人民币完全自由可兑换，一个重要前提是利率市场化。所以，金融制度变迁中，放宽利率管制，推进其市场化是需要改变的最重要参数。

21 世纪，大部分国家包括发达国家和发展中国家都实现了利率自由化或市场化。例如，印度在 2011 年 10 月 25 日放开居民储蓄存款利率，彻底完成了利率市场化改革。当然，鉴于中国国情，如监管落后、间接货币政策使用较少等缘故，中国利率市场化需要分步骤妥善进行。2011 年，在世界银行组织对中国金融部门评估规划（FSAP）中，世界银行对中国涉及利率市场化在内的金融改革提出了七步走建议：第一步，回收金融体系的过剩流动性；第二步，更多使用间接货币政策工具，逐步取消信贷配给；第三步，建立以通胀水平为目标的新货币框架；第四步，增加利率灵活性直至实现利率市场化；第五步，相应改革监管框架；第六步，加速金融发展，包括丰富金融产品和推动银行更加市场化；第七步，逐渐放开资本账户。我们认为，这七个步骤可以为中国利率市场化改革的最终完成提供参考。但是同时需做好配套服务工作，例如，金融监管的水平和质量需要与利率市场化同步，处理好汇率改革、人民币资本项目可兑换与利率市场化的关系，包括建立统一的市场基准利率、推进存款保险制度在内的配套制度改革、大力发展直接融资市场等。

中国利率市场化改革始于 1996 年，基本遵循了渐进改革的路径。2004年，央行放开除城乡信用社以外金融机构贷款利率的上限管理，允许贷款利率下浮至基准利率的 0.9 倍；2012 年 7 月 6 日，央行将一年期贷款基准利率累计下降 0.56 个百分点，下浮区间扩大到基准利率的 0.7 倍；同年 7月 19 日，经中国国务院批准，中国人民银行决定自 2013 年 7 月 20 日起全面放开金融机构贷款利率管制，其中涉及的贷款利率下限、票据贴现利率限制、农村信用社贷款利率上限等限制一律取消，这是长期实行利率管制的中国金融市场迈进的一大步（但关键的存款利率市场化还没放开）。2013年 10 月 25 日，贷款基础利率（loan prime rate，LPR）集中报价和发布机制正式运行。2013 年 11 月 12 日中共十八届三中全会通过的《中共中央关于全面深化改革若干重大问题的决定》中提出了"健全反映市场供求关系的国债收益率曲线"的具体要求。2015 年，中国人民银行决定，对商业银行和农村合作金融机构等不再设置存款利率浮动上限。存款利率彻底放开，利率市场化完成了关键一步。而近期，大额可转让同业定期存单（negotiable certificate of deposits，NCD）也将在国有商业银行间试行。倘若 NCD 试行成功并正式实施，我国利率市场化将最终完成。

（三）国有及民营企业制度的制度互补

国有及民营企业制度是社会主义市场经济体制的有机组成部分，其自身的制度改革尚不足以全面提高企业效率，减少对外资需求偏好，因此，与国有企业和民营企业制度相关联的制度变迁也必不可少。

1. 以"管资本"为目标完善国有资产管理体制

对于国有企业管理而言，国有资本出资人和监管者实际上是不同的职能，前者体现的是对企业的剩余控制权和剩余索取权，而后者是公共管理者的行为。2003 年国有资产监督管理委员会（简称国资委）的成立，虽然纠正了国有资产多头管理的局面，但"婆婆"角色依然浓重。国资委既承担资本运营管理职能，也承担行政管理职能，即存在所谓"管人、管事、管资产"的多管局面。从实践看，国资委的这两个职能很容易形成一对矛盾，特别是在对国有控股上市公司监管方面表现尤为突出。例如，上市公司的定向增发、资产注入等一些资本运作行为需经国资委行政审批，而审批过程环节多、时间长，往往造成再融资信息过早泄露，导致股价异动，再融资成本提高。随着国有资产证券化率的逐步提高，未来对国资委的资本运营管理及人才的要求越来越多，两个职能之间的矛盾现象也会更加突出。2013 年 11 月 12 日中共十八届三中全会通过的《中共中央关于全面深化改革若干重大问题的决定》指出，"完善国有资产管理体制，以管资本为主加强国有资产监管，改革国有资本授权经营体制，组建若干国有资本运营公司，支持有条件的国有企业改组为国有资本投资公司"。由此可见，"管资本"为主是国有资产管理体制改革的目标，这将使国资委摆脱烦琐的行政事务，重点发挥其促进国有资产保值增值的"管资本"职能。而在这方面，国际上有着许多成功案例，比如，被誉为国有资本运营典范的新加坡"淡马锡模式"值得借鉴。

淡马锡是一家新加坡财政部组建的专门经营和管理原新加坡政府投入到各类政联企业资本的国家资产经营和管理公司，是一家全资国有控股公司，创立于 1974 年。淡马锡成立至今的 40 多年时间，"年均净资产收益率超过 18%，远远超过同期私有企业的经营业绩……归属国家股东的年均分红率超过 6.7%"（李雪姣，2013）。以资产经营为主要目标的淡马锡公司在国有资产保值增值方面取得了巨大成功，因而被冠以"淡马锡模式"。国家控股、公司化运作和集团管理是淡马锡模式的主要特征。淡马锡模式包括如下主要内容：①相对独立于政府。淡马锡是属于新加坡财政部所有的、政府全资控股公司，为不折不扣的国有企业。虽然是国有企业，但淡马锡的董事会成员和总经理一经总统任命后即享有独立的自主经营权，不受政府干预（新加坡宪法规定公司有责任为国有资产保值增值）。②完善的法人治理结构。在法人治理结构方面，董事会中的 10 人董事，4 人为政府官员，6 人为外部董事，以保证董事会的独立性；为了削弱董事与企业的联系，董事会每年更换约三分之一的董事，每 6 年全部更换；高级经理由董事会评聘且对董事会负责，董事则富有监督职能，等等。③市场化经营管理。在经营与管理方面，淡马锡完全遵循市场化运作模式，例如，所有投资均需要通过投资回报率进行评估；母公司对旗下的子公司实施"积极股东"管理，即负责任命子公司董事和总经理，但通过影响子公司的战略目标和企业的价值取向来行使股东权利，不插手子公司日常经营活动；政府不给公司任何优惠和便利，等等。由此可见，"淡马锡模式"下，淡马锡公司实际承担着替代政府管理国有资产的行政职能，而淡马锡旗下的子公司则具体实施国有资产的运营。"淡马锡模式"中的大多内核符合中国国有资产管理的改革目标，因而能为中国通过组建国有资本运营公司和国有资本投资公司完善国有资产管理体制提供有益经验。2015 年 9 月 13 日中共中央、国务院印发的《关于深化国有企业改革的指导意见》（以下简称《指导意见》）发布。《指导意见》明确，要以管资本为主改革国有资本授权经营体制，同时明确要开展政府直接授权国有资本投资、运营公司履行出资人职责的试点。这意味着，国企改革的类"淡马锡模式"试点工作将就此展开。

（1）垄断领域，组建完善的国有资本运营公司

在国有企业改革上，一个较为普遍的观点是将一部分不关乎国计民生的国有企业民营化。贾科夫和姆瑞尔（Djankov and Murrell, 2002）也认为，国有企业民营化是转型时期微观层面上最重要的改革机制之一，但民营化本身需要经历一个艰难、长期的过程，而且其后果并不总是正面的。在国有企业被民营化之前，寻找推进国有企业治理结构改革的其他途径和力量，有着极其重要的战略意义。当然，将国有企业推向市场，以完善股份制，是可以改善国有企业的治理结构的。但是，毕竟国有企业中国有资产还是属于国家，因此，政府总会想方设法地干预、保护国有企业，所以，通过市场推进国有企业改革，还要辅助以其他制度改革，但这其中首先要做的是解除对国有企业的行政干预和保护，让国有企业真正成为能够和民营企业平等竞争的主体，否则，国有企业公司治理改革难免流于形式。

由于缺乏竞争，一些垄断性国有企业效率低下，因此，可以借鉴"淡马锡模式"，在垄断领域全面建立国有资本运营公司，让独立的运营主体经营国有资本，有助于促成国有企业中的政企分开，提高企业效率。一个完善的国有资本运营公司应包括如下内容：

第一，运营主体的确定。运营主体应当是具有独立法人资格的实体，而非"政府"或"国家"等。从中国的实践情况看，资本投资公司、国有控股公司、国有资产经营公司等，可以充当国有或国有控股企业中国有资产的出资人代表，经营国有资产。

第二，责任约束协定。协定既包括国有资产代理人与国有资本运营主体之间的责任约束协定，也包括国有资本运营公司对其控股参股企业的责任约束协定。国有资本运营公司的经营主体负有对国有资产保值增值责任，而国有资产的出资人即委托人也负有监管责任，因此，需要在国有资产的委托人即出资人（国有资产管理当局或政府）与经营主体之间签署责任约束协定，规范双方的权利与义务。需要指出的是，国有资产的出资人超脱于企业运营，可以行使筹资、投资和监督等权利，但不能直接干预企业的经营管理，出资人与运营主体之间是投资与被投资关系，而非管理和被管理关系。当然，国有资本运营公司也需要与其控股、参股企业之间签署责任约束协定，明确国有资本运营公司在权利行使和转让、财务及监督管理

制度制定、收益分成、目标考核与奖惩以及法律责任等方面中的控股比例或参股企业的责任、股权,确保资本运营公司与控股、参股企业利益一体化。

第三,市场准入。国有资本运营公司将完全按照市场规律从事筹资、投资和控股参股其他企业的经济活动,其中不可避免地将涉及在不同区域的地方性市场中的企业重组或兼并活动,因此,破除地方保护主义,打破地区行政壁垒,允许市场准入,使资源在地区自由流动中实现优化配置,是国有资本运营公司参与市场自由竞争的前提。

(2)竞争性领域,组建国有资本投资公司

2013年11月中共十八届三中全会提出,国有资产管理体制改革中,有条件的国有企业可以组建国有资本投资公司。由于公有制经济的主体地位体现为对涉及国家安全、公共安全、公共政策及公共秩序等公共产品和服务行业以及高新技术产业中的重要骨干企业的控制权,而竞争性领域国有企业比重对公有制经济主体地位的影响不大,所以,可以在竞争性国有企业中,尝试组建国有资本投资公司。

国有资本投资公司是连接国有资产管理委员会和实体法人企业的、国有独资的、以促进国有资产保值增值为目的的、专门从事国有资本经营的特殊形态法人。国有资本投资公司的治理结构中,董事会和总经理由政府任命,高级经理由董事会评聘;董事会和经理享有独立自主经营权,不受政府束缚;董事会中的外来董事须占绝大多数且每年更换一定数量的董事,每若干年全部更换。国有资本投资公司的资本运营方面,完全遵循市场化运作模式,以国有资产的保值增值为目标;在资本运营管理中,作为参股企业股权代表,可以通过影响子公司的价值取向和战略目标,任命子公司董事会和总经理等,但不干预子公司的日常经营管理活动。

从竞争性领域逐步退出是国有企业战略性布局的重要内容,所以,竞争性领域的国有资本投资公司也可以借鉴"淡马锡模式"中"战略撤资"方式,实现国有资产保值增值。"战略撤资"曾经是淡马锡模式实现国有资产保值增值的重要途径。1985年之后,随着新加坡制造业产业升级和大型工业项目的完成,淡马锡控股通过"私有化"和"私营化"两个过程,把其占据的一些领域退让给了私人资本和外国资本来经营,促进私营企业发展。2002年,淡马锡控股又更大规模地从新加坡市场"战略撤资",并将撤资后的资本投资海外。目前,淡马锡控股在本地的资本只占其总资本的30%,70%投资在海外,尤其是中国、印度等新兴市场(李雪姣,2013)。

国有资本投资公司的"战略撤资"包括两方面内容：国有资本投资公司从一些竞争性领域逐步退出，相应增加竞争性领域非公有制经济比重，这也符合政府支持和鼓励非公有制经济发展的要求；当国有资本投资公司在自己经营领域取得成功时，它既可以选择继续从事该领域的生产经营，又可以通过股权脱售、整体售卖或者上市等方式将优质资产高价出售，收益或回归政府财政或再寻求国内外更好的投资机会。

总的看来，竞争性领域的国有资本投资公司的组建，不仅能减少政府对国有企业过多的行政干预，更能使国有企业灵活应对市场状况，自主选择经营项目，它们都有利于实现国有资产的保值增值。

2. "五管齐下"发展非公有制

2005 年 2 月 19 日，国务院号印发了《关于鼓励支持和引导个体私营等非公有制经济发展的若干意见》。该意见从放宽非公有制经济市场准入、加大对非公有制经济的财税金融支持、完善对非公有制经济的社会服务、维护非公有制企业和职工的合法权益、引导非公有制企业提高自身素质、改进政府对非公有制企业的监管、加强对发展非公有制经济的指导和政策协调等七个方面规划了鼓励中国非公有制借鉴发展的蓝图。2012 年 11 月的中共十八大报告中也指出，"毫不动摇鼓励、支持、引导非公有制经济发展，保证各种所有制经济依法平等使用生产要素、公平参与市场竞争、同等受到法律保护"。2013 年 11 月中共十八届三中全会通过的《中共中央关于全面深化改革若干重大问题的决定》中更是指出，"必须毫不动摇鼓励、支持、引导非公有制经济发展，激发非公有制经济活力和创造力"。所以，从促进市场竞争、提高效率进而减少数量型外资需求偏好角度看，还必须大力发展非公有制经济。但由于各种原因，非公有制经济在一些领域尚不能与公有制经济处于公平竞争环境。比如，电力、电信、铁路、民航、石油等垄断行业和领域，依然是国有经济"一家独大"的垄断局面；供水、供气、供热、公共交通、污水垃圾处理等市政公用事业和基础设施的投资、建设与运营领域也鲜有非公有制经济的影子；金融服务领域对非公有制经济的开放更是进展甚微，等等。

新时期推进非公有制经济发展，可以采取"五管齐下"措施。第一，消除理论和观念歧视。从理论和观念上根除对非公有制经济的"所有权歧视"，认识到非公有制经济是公有制经济的有益补充，也是社会主义市场经济重要组成部分和中国经济社会发展的重要基础，它们在促进经济结构调整、提高就业、增加出口等方面，为社会主义市场经济发展贡献了正能量。消除理论和观念误区是开展实际工作的前提。第二，允许非公有制经济多方式、多渠道参与经营垄断行业、服务业和社会事业领域。允许非公有制经济在政府产业发展规划指导下进入电力、石油、通信、铁路、能源开发、公益事业、服务业、国防科技工业建设等垄断性领域；积极引导非公有制经济以独资、参股、控股、合作、联营等方式参与公用事业、基础设施和生态环境保护开发；鼓励非公有制经济以独资、参股、控股、合作、联营等多种方式进入教育、科研、医疗卫生、文化、体育、社区服务等社会事业领域；在中国（上海）自由贸易区试验区成功基础上，鼓励非公有制经济在全国其他地区建立民营金融机构、参股国有和外资金融机构；鼓励非公有制经济通过租赁、参股、控股、兼并、收购等形式参与国有经济结构调整和国有企业重组，推动国有企业产权结构调整。第三，政策扶植。从财税支持、信贷支持、直接融资渠道、建立健全信用担保体系等方面给予非公有制经济以政策扶持。第四，放宽非公有制经济的注册登记条件、经营范围等。例如，非公有制经济的注册资金可以以无形资产来替代；非公有制经济的注册资本金如果超过一定数量如 300 万元，可以按行业大类放宽其经营范围；推行注册登记制度，等等[①]。第五，坚持公有制经济在"质"上的主体地位。坚持公有制经济的主体地位，不能片面追求"量"的主体地位，"量"的主体地位强调的是资产的绝对优势甚至是垄断经济命脉，这是计划经济的主要特征。"今天讲国有经济的主导作用，不少人仍然以国有资产所占比重大、控股的数量多作为标准，甚至把电力、电信、铁路、民航等部门由国家独家垄断视为国有经济主导作用的增强，这岂不是把计划经济的理念应用到了市场经济嘛!"（宋醒民，2002）社会主义市场经济的建立为国家通过财政政策和货币政策宏观调控国民经济创造了条件，因此，在国家能够适当干预和宏观调控前提下，强调公有制经济的主体地位应弱化"量"的要求，转而鼓励和支持公有制经济对涉及国家安全、公共安全、公共政策及公共秩序等公共产品和服务行业以及高新技术产业中的重要骨干企业的控制权。

---

① 2013 年 10 月 25 日国务院常务会议决定推行注册资本登记制度改革。一是放宽注册资本登记条件。二是将企业年检制度改为年度报告制度，任何单位和个人均可查询，使企业相关信息透明化。三是按照方便注册和规范有序的原则，放宽市场主体住所（经营场所）登记条件，由地方政府具体规定。四是大力推进企业诚信制度建设。五是推进注册资本由实缴登记制改为认缴登记制，降低开办公司成本。

四、制度变迁与互补的生成和突破

经济制度具有人为设计性。当存在约束现存经济制度的因素时，制度变迁与互补尽管有内在需求，但不能生成，需要克服这些因素，才能形成制度变迁或互补。经济制度变迁与互补，是动态运行中的变迁与互补，制度变迁与互补的突破就是制度变迁的动态选择过程，是制度从均衡—不均衡—新均衡过程。这一过程是基于特定的背景或时机而发生的，因此，需要抓住时机或利用好时代背景以实现制度变迁和互补。

（一）制度变迁与互补的生成

制度具有人为设计性，制度变迁尽管具有客观现实性，但它的生成往往需要人们的探索与努力。不是某一制度一出现，它本身就是完善的，制度变迁一般不会自动生成，面临着种种因素的制约和限制。从完善社会主义市场经济制度看，影响制度变迁与互补生成的因素主要有观念的变迁、变迁的动因、对人的尊重、利益集团和思想库的影响等。

1. 观念的变迁

受传统计划观念影响，有关政府在市场经济中的作用，始终存在错误观念。厉以宁（2008）将它们概括为五个方面：第一，政府无所不能。这种观念表现在，法律的出现使政府束手束脚，这显然是"权大于法"的错误思想。第二，政府应当支配一切。只要政府有权力、有力量支配，就应当支配一切，这是集权中央的体现。第三，凡是政府能做的都由政府做。第四，大政府是社会主义制度的特征。第五，政府利益必定是全体人民的利益。这些观念忽视了市场经济中主体与利益的多元性，使政府经常以人民利益为借口，作出错误的甚至是损害人民利益的决策。错误观念的存在，折射的是政府尚不能正确理解社会主义市场经济体制的本质内涵，从而始终不能摆脱越俎代庖而替代市场配置资源的束缚。

2. 变迁的动因

制度变迁可能是制度相对人自发推动的诱致性变迁，也可能是制度相对人以外的主体强力推动下进行的强制性变迁。林毅夫将制度变迁明确区分为强制性变迁和诱致性变迁两种[①]。一般而言，强制性制度变迁是指政府基于实现社会收益最大化或社会成本最小化，而通过颁布法令、政策等实

---

① 戴维斯曾经区分过强制性和诱致性制度变迁，只是不明确罢了。

施的自上而下的制度改革；而诱致性制度变迁和互补是具有"经济人"特征的市场经济主体为了实现自身利益而自发进行的自下而上的制度变迁①，它属于制度相对人自动追求完善制度的过程。尽管学术界对强制性变迁和诱致性变迁的区分存在长期争论，但对于它们各自的特点看法还是较统一的。强制性制度变迁往往并非是"纳什均衡"，并且变迁中存在"搭便车"和机会主义现象，往往是突变式的，社会震荡较大；而诱致性制度变迁具有边际革命和增量调整性质，因而是渐进式的，社会震荡小。社会主义市场经济体制改革中，农村经济体制的制度变迁一般属于诱致性制度变迁；而其他更多的改革属于强制性制度变迁，如政府经济管理体制改革、国有企业改革、金融改革等。强制性制度变迁有时会深受利益集团左右，并且难以避免"搭便车"和机会主义现象，因而制度变迁的程度相对较小，阻力较大，如国有企业改革。

3. 对人的尊重

"既得"的分配制度需要以尊重人为实现前提，尊重人就是要尊重人的基本生存权和人的劳动付出。这样，人们才能得以分享经济发展成果和主动承担经济发展责任，表现为人积极参与市场竞争，追求更高的经济效率，它是提高整个社会资源配置效率的重要前提。因此，对人的尊重，也是社会主义市场经济制度变迁追求的首要价值目标，它具有不可忽视的、自身固有的内在重要性，因而也应当成为评判社会主义市场经济制度完善与否的首要标准。倘若制度变迁和互补能够充分尊重人的权利与权益，那么变迁和互补则相对容易，如中国农村经济体制改革。

4. 利益集团

经济体制改革中，一些既得利益集团或垄断集团会通过各种方式维持自己在某一领域的垄断地位，阻碍改革。奥尔森（Olson，1982）认为，任何一个国家，只要有足够长时间的政治稳定，就会出现特殊利益集团，而且，它们会变得越来越明白、成熟、有技巧。孙景宇（2007）认为，传统的中央集权计划经济体制中，存在两大利益集团：一个是中央政府，它们因得到和控制了社会经济增长额中的绝大部分而在该体制中拥有"共容利益"（encompassing interests）；另一个利益集团是国有企业，它们因其收益只是取决于中央政府通过制订国家计划而进行的生产资源和收入的再

---

① 黄少安（1996）认为，存在不同性质的动机是区分强制性和诱致性制度变迁的主要前提；如果都是基于利益需求来区分，那么强制性制度变迁实质就是诱致性制度。

分配，虽然正是国有企业创造了该体制下社会经济产出的绝大部分，但仅仅在该体制中拥有"狭隘利益"（narrow interests）。社会转型时期，这两大利益集团依然存在，前者实际代表着官僚利益集团，后者则代表着垄断利益集团。转型时期，中央政府虽不能像计划体制时期以微观手段调配资源，获取收益，但却依仗资源控制权和政治决策权获取收益，或者借助"政治寻租"方式获取租金资源，或在决策中作出有利于接近它们的少数人的决策结果。而转型时期的国有企业，"对增加社会产出既无热情也无兴趣……所热衷的只是通过在分配上的争斗来寻求该社会产出的更大份额"（Olson，1992）。因此，无论是政府，还是国有企业，它们会尽力维持自己在资金分配、市场占有以及政策优惠中的垄断地位。利益集团不管以何种形式出现，共同的利益与目标、占据垄断地位、有决策权力或有足够影响决策的权力等，是其普遍特征。因此，为了维护其共同利益，利益集团尤其是垄断利益集团一般都会竭力维护既得的制度现状而反对惠及广大公众的制度变迁[①]，从而形成"制度劫持"。赵岳阳（2010）认为，在制度变迁中，官僚利益集团与小型富裕集团，在利益双赢的驱动下，两者容易结盟。这种集团联盟的突出特点是，联盟内部具有完整的制度供求体系，可以实现制度安排上的自给自足。因而联盟的长期发展，会使参与制度变迁的主体范围由全体社会成员缩小为利益联盟内部的成员，以联盟内部的制度供求均衡替代社会范围内的制度均衡。政府难以获取真实的制度需求和供给情况，政策制定无法取得预期效果。而其他利益集团的制度需求长期得不到有效满足，或面临解体，或附庸于利益联盟。可见，制度会被利益联盟劫持，联盟迫使制度向有利于联盟利益的方向演变。显然，利益集团的存在将加大制度变迁和制度互补的阻力。

5. 思想库的影响

思想库或智囊团，又称智库。在强制性制度变迁中，政府智库或智囊团的影响往往是巨大的，他们有的是既得利益集团的代言人，其一些经济政策建议往往具有外部性，即政策建议有利于降低既得利益集团的私人成本而提高了整个社会成本。当前，中国智库的基本格局是体制内的官方和半官方智库居于全国垄断地位。据美国宾夕法尼亚大学智库研究项目（TTCSP）研究编写的《全球智库报告2015》，2015全球智库综合排名榜单175强中，有9家中国智库入选，它们分别是，中国社会科学院（全球

---

① 政府并非为利益集团全部绑架，选民政治及公共服务职能，决定了大多数官员受利益集团影响小。

第 31 位）、中国国际问题研究所（全球第 35 位）、中国现代国际关系研究院（全球第 39 位）、国务院发展研究中心（第 50 名）、北京大学国际战略研究院（全球第 64 位）、上海国际问题研究所（第 72 名）、天则经济研究所（全球第 103 位）、中国与全球化智库（全球第 110 位）、人民大学重阳金融研究院（全球第 150 位）。9 家中国智库中只有天则经济研究所 1 家智库为民间智库。而据上海社会科学院 2016 年 1 月发布的《2015中国智库报告·影响力排名与政策建议》，中国位居综合影响力排名前 15位的智库分别为：中国社会科学院、国务院发展研究中心、北京大学、清华大学、中国科学院、复旦大学、中央党校、上海社会科学院、中国人民大学、中国工程院、中国国际问题研究院、国家发改委宏观经济研究院、上海国际问题研究院、中国国际经济交流中心、南京大学。它们也均属于体制内的官方或半官方智库。官方或半官方智库，有的直属政府主管，如国务院发展研究中心、中国社会科学院等；有的间接属于政府主管，如高校的研究所、研究院、研究中心等。无论是政府直接管辖还是间接管辖，其研究都未摆脱政府的控制，烙有政府意志，缺乏完全独立性。所以，它们有可能成为政府的代言人，或者成为其他具有国有性质背景的利益集团代言人，竭力维护现存体制，反对制度变迁和互补。

当存在上述约束时，制度变迁和互补尽管有内在需求，但不能生成，因此，需要通过经济体制之外的其他领域制度改革，克服阻碍社会主义市场经济体制变迁和互补的诸多约束，从而推进社会主义市场经济体制改革。

（二）制度变迁与互补的突破

制度变迁与互补，是动态运行中的变迁和互补，制度变迁和互补的突破就是制度变迁和互补的动态选择过程。随着制度运行的深入，制度变迁和互补就会被突破。当某种制度的组成要素阻碍了该制度有效配置资源时，便会成为制度发展的障碍，于是，制度变迁在所难免；同样，当某种制度的互补制度阻碍了该制度有效配置资源时，双方也会产生制度摩擦，互补性趋弱，并成为彼此发展的障碍，于是互补制度的变迁也在所难免。

制度变迁和互补的突破，意味着旧制度的完善或新制度的建立以及互补制度建立或完善的开始，标志着制度的运行由原来均衡状态进入非均衡的剧烈变迁状态，直至制度再趋于新的均衡状态过程。旧制度的完善是指旧制度对新环境、新利益诉求以及新的权力组合而主动做出的迎合或适应性调整。由此看来，旧制度完善过程就是其发生部分质变过程，旧制度中保持其原来性质的质并没有发生颠覆性变化。例如，完善政府经济管理体制的实质就是减少政府干预市场行为，但政府宏观调控和公共服务功能并没有改变；完善国有企业制度的实质是建立以规范的法人治理结构为核心的现代企业制度，而国有企业中国家控股性质没有改变；完善民营企业制度的实质也是建立以规范的法人治理结构为核心的现代企业制度，但民营资本控股的根本性质没有改变；完善金融体制的实质是提高金融体系配置资金资源的效率，而金融在经济发展中的地位和作用并没有改变。新制度的产生是指原有旧制度被新制度取代的过程，属于制度中的质的根本性飞跃，如市场经济制度对计划经济制度的取代。本书中的制度变迁是指原有制度的完善过程而非制度的根本性变革。

制度互补实质上就是制度匹配，即"不同制度安排之间存在着相互间耦合与多元功能互动的现象……可以表现为一个制度体系内不同制度之间的匹配，也可以表现为不同体系领域中制度之间的匹配"（王星和李放，2011）。社会主义市场经济体制中制度互补的发生，是因为该体制中各个组成部分之间是相互联系的、相互影响的，因而政府经济管理体制、国有企业和民营企业制度、金融体制的变迁还依赖于与之相联系的互补性制度的建立或变迁。

制度变迁和互补的突破是在特定背景或时机下发生的。它们或是发生在新环境、新利益诉求以及新的权力组合时，或是"制度只在普遍性的制度危机之后才会逐渐演化和趋于稳定，直到下一轮冲界的来临"（青木昌彦，2001），或者是"来自于多种相互独立的过程之间的互动及其始料未及的结果"（周雪光，2009）。在中国，产权模糊的国有企业制度是导致国有企业出现低效率的重要原因；种种限制缠身的民营企业制度，则阻碍了民营企业规模扩大；政府职能越位、缺位和失位，又使地方政府出现了公司化行为，造成了地方市场分割以及政治寻租的存在；缺乏竞争、以国有金融机构为垄断主体的国内金融体系，使储蓄无法有效转化为国内投资，降低了资金资源配置效率。进一步说，当前，国有企业和民营企业制度、政府经济管理体制以及金融体制都遇到了普遍性的制度危机，而引进外资却能够一定程度地减少制度性危机及其后果，所以，政府、企业都有外资需求偏好。但是，由于引进外资并不能从根本上消除上述制度存在的不足，因此，在国有企业和民营企业制度、政府经济管理体制和金融体制面临普遍性危机之时，必须通过制度变迁和互补，实现新的制度均衡，从而提高制度效率，这个过程同时也是减少引资数量和提高利用外资质量的过程。

参考文献

〔美〕奥尔森. 2007. 国家的兴衰. 李增钢译. 上海：上海人民出版社.

白重恩，路江涌，陈志刚. 2006. 国有企业改制效果的实证研究. 经济研究, (8):4-13.

巴拉萨，麦金农. 2010. 经济发展的外汇约束和有效的外援配置. 经济学杂志, (74):15.

蔡方. 2010. 我国经济发展中政府投资和民间投资的共同推进. 中州学刊, (5):46-49.

车晓慧，陈钢. 2003-11-7. 级级下任务层层压指标，招商引资成让利竞赛. 经济参考报.

陈云. 陈云文选（第3卷）. 1995. 北京:人民出版社.

代海燕. 2008. 外商直接投资对苏州市经济增长的影响分析. 北京工业大学硕士论文.

〔美〕丹尼斯·缪勒. 1999. 公共选择理论. 韩旭等译. 北京: 中国社会科学出版社.

〔美〕道格拉斯·C.诺思. 2013. 经济史上的结构与变迁. 厉以平译. 北京: 商务印书馆.

〔美〕道格拉斯·C.诺思. 2012. 制度、制度变迁与经济绩效. 杭行译. 上海: 格致出版社、
    上海三联书店、上海人民出版社.

邓小平. 1993. 邓小平文选（第2卷）. 北京：人民出版社.

邓小平. 1993. 邓小平文选（第3卷）. 北京：人民出版社.

邓小平. 1998. 邓小平思想年谱(1975—1979). 北京： 中央文献出版社.

董龙云，史峰，蒋满元. 2008. 地方市场分割和地方保护主义盛行的影响分析与对策探讨. 求
    实, (6):42-46.

〔英〕厄尼斯特·盖尔勒. 2002. 民族与民族主义. 韩红编译. 北京:中央编译出版社.

樊纲，王小鲁，张立文，朱恒鹏. 2003. 中国各地区市场化相对进程报告.经济研究, (3):9 -18(89).

樊纲，等. 2001. 中国各地区市场化进程报告.中国市场, (6):58-61.

樊纲，等. 2001. 中国市场化指数——各地区市场化进程相对报告（2001年）. 北京：经济科
    学出版社.

费方域. 1998. 企业的产权分析.上海:上海人民出版社.

郭树清. 2012-07-05. 中国储蓄率高达52%.长江日报.

过勇，胡鞍钢. 2003. 行政垄断、寻租与腐败——转型经济的腐败机理分析. 经济社会体制
    比较, (2):61-70.

〔英〕哈耶克. 1997. 自由秩序原理（上）. 邓正来译. 北京：生活·读书·新知三联书店.

韩朝华. 2003. 明晰产权与规范政府. 经济研究, (2):18-26.

侯经川，等. 2006. 比较优势与制度安排. 公共管理学报, 3(4)：31-39(108).

侯若石. 2004. 质疑现代企业制度. 开放导报, (3):46-53.

胡炳志，王兵. 2002. 中国资本市场的效率分析. 管理世界, (9):136-137.

胡方. 2003. 中国金融制度的非均衡变迁——新制度经济学视角的分析. 经济评论, (5): 85-89.

胡和立. 1989. 1988 年我国租金价值的估算. 经济社会体制比较, (5):10-15.

黄少安. 1996. 刘海英.制度变迁的强制性与诱致性. 经济学动态, (4):58-61.

〔美〕黄亚生. 2005. 改革时期的外国直接投资. 钱勇等译. 北京：新星出版社.

〔美〕黄亚生. 1999. 为什么中国对外国股权资本有如此大的需求. 钱勇等译. 清华大学国民经济研究中心工作论文.

姜明安. 2013. 论法治国家、法治政府、法治社会建设的相互关系. 法学, (6): 1-8.

江泽民. 2006. 江泽民文选（第 2 卷）. 北京:人民出版社.

金碚, 蓝定香. 2004. 西部地区国有企业产权多元化问题研究.中国工业经济, (12):5-11.

金太军, 汪波. 2007. 比较制度优势与模式化悖论. 江苏行政学院学报, (1):58-64.

〔美〕科斯. 1992. 生产的制度结构. 经济社会体制比较, (3): 56-60.

〔美〕科斯, 王宁. 2013. 变革中国. 徐尧, 李哲民译. 北京:中信出版社.

李稻葵, 梅松. 2007. 中国经济为何偏好 FDI. 国际经济评论, (1-2):15-16.

李善同, 侯永志, 刘云中. 2004. 中国国内地方保护问题的调查与分析. 经济研究, (11):78-84(95).

李寿喜. 2007. 产权、代理成本和代理效率.经济研究, (1):102-113.

李晓敏. 2009. 地方保护与市场分割：一个最新综述. 北方经济, (11):25-27.

李雪姣. 2013-11-13. 被誉为国有资本运营典范的新加坡"淡马锡模式". 国际在线专稿.

李忠民, 等. 2009. 区域经济一体化与行政管理体制冲突问题研究——以西咸经济一体化为例.中国软科学, (1):90-96.

厉以宁.2008.计划经济体制与中国经济体制改革.中国发展观察, (8):30-32.

林毅夫, 刘培林. 2004. 地方保护和市场分割——从发展战略的角度考虑. 北京:中信出版社.

林毅夫, 李永军. 2001. 中小金融机构发展与中小企业融资. 经济研究, (1):10-18(53，93).

刘玲玲, 等. 2008-6-17. 如何看待外汇储备超过 G7 总和. 人民日报（海外版）.

刘晓华. 2003. 论中国民营企业的产权制度问题. 北京大学学报（哲学社会科学版）, (2): 12.

刘小玄, 周晓艳. 2011. 金融资源与实体经济之间配置关系的检验——兼论经济结构失衡的原因. 金融研究, (2):57-70.

刘勇, 雷平. 2008. 日韩两国利用外资与自主创新模式及我国的发展思考. 中国软科学, (11): 26 -33.

刘元春. 1999. 论路径依赖分析框架. 教学与研究, (1):43-48.

卢峰, 姚洋. 2005. 金融压抑下的法治、金融发展和经济增长. 中国社会科学, (1):42-55.

卢勇. 2010. 西方 FDI 理论评述及其借鉴意义. 国际经贸, (24):39-40(54).

罗森斯坦·罗丹. 1961. 对欠发达国家的国际援助. 经济学和统计学评论, (43):101-138.

〔美〕曼瑟尔·奥尔森. 2005. 权力与繁荣. 苏长和, 嵇飞译. 上海:世纪出版集团.

乃东燕. 2010. 论民营企业产权制度创新. 特区经济, (9):177-179.

裴长洪. 2005. 用科学发展观丰富利用外资的理论与实践. 财贸经济, (1):10-17(96).

〔南〕斯韦托扎尔·平乔维奇. 1999. 产权经济学——一种关于比较体制的理论. 蒋琳奇译. 北京：经济科学出版社.

〔日〕青木昌彦. 2000. 什么是制度？我们如何理解制度？ 周黎安, 王珊珊译. 经济社会体制比较, (6):28-38.

〔日〕青木昌彦. 2001. 比较制度分析. 周黎安译. 上海:上海远东出版社.

钱颖一.2007.中国经济体制改革的两个观察.经济管理文摘, (26):34-35.

石磊, 马士国. 2006. 市场分割的形成机制与中国统一市场建设的制度安排. 中国人民大学学报, (3):25-32.

〔美〕斯科特.戈登. 2001. 控制国家——西方宪政的历史. 应奇, 等译. 南京:江苏人民出版社.

宋立刚, 姚洋. 2005. 改制对企业绩效的影响. 中国社会科学, (2):17-31(204).

宋醒民. 2002. 国有企业改革：反思与聚焦. 当代经济研究，(9):22-25(64)

孙景宇. 2007. 利益集团与制度变迁——对转型之谜的一个解析. 江苏社会科学，(4):82-89.

孙世重. 2013. 银行公司治理的中国式问题：反思与启示. 中国银行业监督管理委员会工作论文，(3).

汤吉军. 2004. 沉淀成本与国有企业改革. 现代管理科学，(2):35-37.

汤吉军，郭砚莉. 2008. 沉淀成本、市场结构与企业战略博弈分析. 产业经济评论，(4):86-104.

汤吉军，郭砚莉. 2012. 沉淀成本、交易成本与政府管制方式——兼论我国自然垄断行业改革的新方向，中国工业经济，(12):31-34.

〔美〕托马斯·A.普格尔，彼得·H.林德特. 2001. 国际经济学(第十一版). 李克宁，等译.北京：经济科学出版社.

万安培. 1995. 租金规模的动态考察. 经济研究，(2):75-80.

汪伟. 2009. 经济增长、人口结构变化与中国高储蓄. 经济学（季刊），9(1):29-52.

王星，李放. 2011. 制度中的历史——制度变迁再思. 经济社会体制比较，(2):94-103.

王永鸿. 2007. 英国吸引外资呈持续增长. 大经贸，(2):76-78.

王永钦，张晏，章元，陈钊，陆铭. 2007. 中国的大国发展道路——论分权式改革的得失. 经济研究，(1)，4-16.

魏刚，杨乃鸽. 2000. 高级管理层激励与经营业绩关系的实证研究. 证券市场导报，(3):19-29.

魏涛. 2006. 公共治理理论研究综述. 资料通讯，(7):56-61.

吴芃，魏莎，陈天平. 2012. 中小企业融资能力的影响因素研究——基于江苏省中小企业的调查. 东南大学学报（哲学社会科学版），(6):25-29(134).

吴海兵，唐艳芳. 2006. 我国金融制度变迁的路径依赖和演化趋势分析. 山西财经大学学报，(1):113-116.

武艳杰. 2009. 论国有商业银行制度变迁中政府效用函数的动态优化. 暨南学报（哲学科学版），(2):152-155(163，246).

冼国明，崔喜君. 2010. 外商直接投资、国内不完全金融市场与民营企业的融资约束——基于企业面板数据的经验分析. 世界经济研究，(4):54-59(88-89).

习近平. 2014-01-01. 切实把思想统一到党的十八届三中全会精神上来.人民日报.

许涤新. 1983. 简明政治经济学辞典.北京：人民出版社.

许跃辉. 2007. 民营企业内部治理结构家族化问题探讨. 理论探索，(6):87-91.

银温泉，才婉茹. 2001. 我国地方市场分割的成因和治理. 经济研究，(6):3-12(95).

尹希果，许岩. 2011. 中国金融抑制问题的政治经济学. 当代经济科学，(5):10-17(124).

〔美〕约翰·N.德勒巴克，约翰·V.C.奈. 2003. 新制度经济学前沿. 北京:经济科学出版社.

臧跃茹. 2000. 关于打破地方市场分割问题的研究. 改革，(6):5-15.

曾学文，等. 2010. 中国市场化指数的测度与评价：1978—2008. 中国延安干部管理学院学报，(4):47-60.

〔美〕詹姆斯·M.布坎南. 1989. 自由、市场与国家. 平乔新，莫扶民译. 上海：上海三联出版社.

张鸣. 2007-06-28. 地方政府公司化导致制度性冷漠. 南方周末.

张华荣. 2010-7-14. 论劳动密集型产业在构建和谐社会中的作用. 中华工商时报.

张欢. 2005. 府际关系对FDI的需求约束. 统计研究，(12):23-30.

张捷. 2003. 结构变换期的中小企业金融研究. 北京：经济科学出版社.

张杰. 1998. 渐进改革中的金融支持. 经济研究，(10):51-56.

张杰等. 2006. 资本结构、融资渠道与小企业融资困境. 经济科学，(3):35-46.

张军扩. 2003-07-16. 独立的企业制度.中国经济日报.

张维迎. 1995. 企业的企业家—契约理论.上海：上海三联书店，上海人民出版社.

张向达. 2002. 政府寻租及寻租社会的改革. 当代财经，(12):9-12.

张小济，张琦，等. 2010. 中国国际投资发展展望. 中国发展观察，(4):43-46.

张晏. 2005. 标尺竞争在中国存在吗？——对我国地方政府公共支出相关性的研究.复旦大学工作论文.

张译匀. 2008. 外商直接投资对苏州经济发展影响的实证分析. 海南金融, (6):17-23.

赵奇伟，鄂丽丽. 2009. 行政分权下的地方市场分割研究. 财经问题, (11):123-128.

赵儒煜. 1994. 经济制度、经济机制、经济体制辨析. 当代经济研究, (3):13-16.

赵岳阳. 2010. 制度变迁视野下的利益集团理论. 当代经济研究, (12):15-18.

支林飞. 2000-07-02. 美国吸引外资的优势. 瞭望新闻周刊.

中共中央文献出版社. 2000. 十五大以来重要文献选编（上）.北京:人民出版社.

中共中央文献出版社. 2014. 十八大以来重要文献选编（上）（中）.北京:人民出版社.

中国人民银行研究局课题组. 1999. 中国国民储蓄与居民储蓄的影响因素.经济研究, (5):3-10.

周黎安. 2004. 晋升博弈中政府官员的激励与合作——兼论我国地方保护主义和重复建设问题长期存在的原因. 经济研究, (6): 33-40.

周雪光. 2009. 一叶知秋: 从一个村庄选举看中国社会的制度变迁. 社会, (3):1-23.

周业安，冯兴元，赵坚毅. 2004. 地方政府竞争与市场秩序的重构. 中国社会科学, (1):56-65.

朱巧玲. 2008. 国家行为与产权:一个新制度经济学的分析框架. 改革与战略, (1):1-5.

朱巧玲，卢现详. 2006. 新制度经济学国家理论的构建：核心问题与框架. 经济评论, (5):85-91.

宗永建. 2005. 苏州、温州经济增长模式中政府作用的对比与反思. 特区经济, (9):120-121.

Ang J S. 1991. Small Business Uniqueness and the Theory of Financial Management. Journal of Small Business Finance，1(1):1-13.

Arthur N. 2001. Board Composition as the Outcome of an Internal Bargaining Process: Empirical Evidence. Journal of Corporate Finance，7(3): 307－340.

Arthur W B. 1988. Self-Reinforcing Mechanisms in Economics. The Economy as An Evolving Complex System:10.

Alassa.1964.The Purchase Power Parity Doctrine:A Reappraisal. Journal of Political Economy，72:584-596.

Barclay M J，Holderness C G. 1991. Negotiated Block Trades and Corporate Control. The Journal of Finance，46(3) :861-878.

Benson B.1984.Rent-Seeking from a Property Right Perspective.Southern Economic Journal. 51(2):388-400.

Besley T. 1992. Incumbent Behavior:Vote-Seeking，Tax-Setting and Yardstick Competition. American Economic Review，85(1):25-45.

Bethel J E，Liebeskind J P，Opler T. 1998. Block Share Purchases and Corporate Performance. Journal of Finance，53(2) :605-634.

Chenery H，Strout A M. 1966. Foreign Assistance and Economic Development. American Economic Review，56(4) :679-733.

Chittenden F，Hall G，Hutchinson P. 1996. Small Firm Growth，Access to Capital Markets and Financial Structure: Review of Issues and an Empirical Investigation. Small Business Economics，8(1): 59-67.

Coase R H. 1960. The Problem of Social Cost. Journal of Law and Economics，(3):94-105.

Djankov S，Murrell P. 2002. Enterprise Restructuring in Transition : A Quantitative Survey. Journal of Economic Literature，(40): 739 -792.

Filatotchev I，Dyomina N，Wright M，Buck T. 2001. Effect of Post-privatization Governance and Strategies on Export Intensity in the Former Soviet Union. Journal of International Business Studies，32(4):853－871.

Geoffrey M 2006. What are Institutions? Journal of Economic Issues，40(1):1-25.

Grossman G，Helpman E. 1991. Innovation and Growth in the Global Economy. Cambridge：MIT Press.

Guariglia A，Poncet S. 2008. Could Financial Distortions be no Impediment to Economic Growth After All？ Evidence from China. Journal of Comparative Economics，36(4):633-657.

Huff A. 1990. Mapping Strategic Thought. Chichester：Chichester Wiley Press.

James S A，Rebel A C. 2000. Agency Cost and Ownership Structure. Journal of Finance，55(1): 81-106.

Jefferson G H. 1998. China's State Enterprises: Public Goods. Externalities and Coase. American Economic Review. 88(2):428-432.

Kraay A. 2000. Household Saving in China. World Bank Economic Review，14 (3) :545-570.

Kuijs L. 2005. Investment and Saving in China. World Bank Research Working Paper，(1).

Laura A，Areendam C，Sebnem K O. 2003. FDI and Economic Growth: the Role of Local Financial Markets. Journal of International Economics，64(1):89－112.

Li H Zhou L. 2005. Political Turnover and Economic Performance：the Incentive Role of Personnel Control in China. Journal of Public Economics，89(9-10):1743-1762.

Lipton M，Lorsch J. 1992. A Modest Proposal for Improved Corporate Governance. Business Lawyer，48(1) : 59-77.

Michael C J，William H M. 1976. Theory of the Firm: Managerial Behavior，Agency Costs and Ownership structure. Journal of Financial Economics，3(4):305-360.

Mishan J E. 1971. The Postwar Literature on Externality: An Interpretative Essay. Journal of Economic Literature，9(1):1-28.

Mckinnon R I. 1973. Money and Capital in Economic Development. Washington: The Brookings Institution.

Nicolas F，Thomsen S，Bang M. 2013. Lessons from Investment Policy Reform in Korea，OECD Working Papers on International Investment. OECD Publishing Lessons，(2):112-123.

North D C. 1981. Structure and Change in Economic History. New York:Norton Press.

North D C. 1990. Institutions，Institutional Change and Economic Performance. Cambridge U.K. and N.Y. Cambridge：Cambridge University Press.

North D C. 1994. Economic Performance Through Time. American Economic Review，84(3): 359-368.

North D C. 1997. The Contribution of the New Institutional Economics to an Understanding of the Transition Problem. WIDER Annual Lectures，(1):36-68

Olson M. 1982. The Rise and Decline of Nations: Economic Growth，Stagflation，and Social Rigidities. New Haven: Yale University Press.

Olson M. 1992. The Hidden Path to a Successful Economy. Oxford: Blackwell.

Olson M. 2000. Power And Prosperity. New York：Basic Books.

Philip H. B. 1984. The Choice of Strategic Alternatives Under Increasing Regulation in High Technology Companies. Academy of Management Journal，27(3):489-510.

Provan K G. 1980. Board Power and Organizational Effectiveness Among Human Service Agencies. Academy of Management Journal，23(2):221-236.

Romano C A，Tanewski G A,Smyrnios K X. 2000. Capital Structure Decision Making: A Model for Family Business. Journal of Business Venturing，16(3) : 285-310.

Ronald C G. 1991. The Welfare Analytics of Transaction costs，Externalities and Institutional Choice. American Journal of Agricultural Economics，73(3):601-614.

Sanders G，Carpenter M. 1998. Internationalization and firm Governance: the Roles of CEO Compensation，top Team Composition and Board Structure. Academy of Management Journal，41(2):158－178.

Shaw E S. 1973. Financial Deepening in Economic Development. Oxford：Oxford University Press.

Stiglitz J E，Weiss A. 1981. Credit Rationing in Market with Imperfect Information. the American

Economic Review，71(3):393-410.

Storey D J. 1994. Understanding the Small Business Sector. London: Routledge Press.

Sun Q，Tong W. 2003. China Share Issue Privatization : The Extent of Its Success. Journal of Financial Economics，(70):183-222.

Tiebout C M. 1956. A Pure Theory of Local Expenditures. Journal of Political Economy，64 (5): 416-424.

Williamson O E. 1985. The Economic Institution of Capitalism. Journal of Financial Economics，40(2):185-211.

Young A. 2000. The Razor's Edge: Distortions and Incremental Reform in People's Republic of China. Quarterly Journal of Economics，115(4):1091-1135.

Lien Y C，et al. 2005. The Role of Corporate Governance in FDI Decisions: Evidence from Taiwan. International Review，(14):739-763.

Zhuravskaya E V. 2000. Incentives to Provide Local Public Goods: Fiscal Federalism，Russian Style. Journal of Public Economics，(76):337-368.